ACCESO GRATIS ***a la Lectura en la Nube***

Para visualizar el libro electrónico en la nube de lectura envíe junto a su nombre y apellidos una fotografía del código de barras situado en la contraportada del libro y otra del ticket de compra a la dirección:

ebooktirant@tirant.com

AF607484

En un máximo de 72 horas laborales le enviaremos el código de acceso con sus instrucciones.

La visualización del libro en **NUBE DE LECTURA** excluye los usos bibliotecarios y públicos que puedan poner el archivo electrónico a disposición de una comunidad de lectores. Se permite tan solo un uso individual y privado

EL CÓDIGO CIVIL DE 1928
Una reseña histórico-jurídica

Procedimiento de selección de originales, ver página web:
www.tirant.net/index.php/editorial/procedimiento-de-seleccion-de-originales

EL CÓDIGO CIVIL DE 1928

Una reseña histórico-jurídica

3ª edición

ÁNGEL GILBERTO ADAME LÓPEZ
Colegio de Notarios

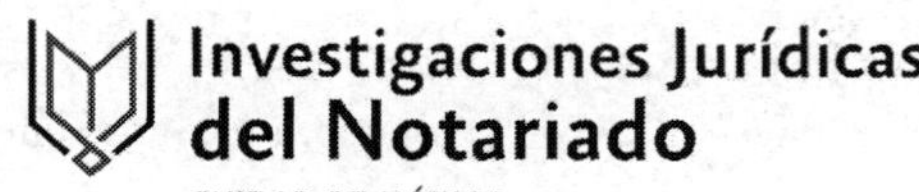

tirant lo blanch
Ciudad de México, 2025

En caso de erratas y actualizaciones, la Editorial Tirant lo Blanch México publicará la pertinente corrección en la página web www.tirant.com/mex/

Este libro será publicado y distribuido internacionalmente en todos los países donde la Editorial Tirant lo Blanch esté presente.

Primera edición septiembre 2019

Segunda edición abril de 2021

Tercera edición abril de 2025

© EDITA: TIRANT LO BLANCH
DISTRIBUYE: TIRANT LO BLANCH MÉXICO
Av. Tamaulipas 150, Oficina 502
Hipódromo, Cuauhtémoc, 06100, Ciudad de México
Telf: +52 1 55 65502317
infomex@tirant.com
www.tirant.com/mex/
www.tirant.es
ISBN: 979-13-7010-240-1
ISBN: 978-607-7873-76-1 (Colegio de Notarios de la CDMX)

Si tiene alguna queja o sugerencia, envíenos un mail a: *atencioncliente@tirant.com.* En caso de no ser atendida su sugerencia, por favor, lea en *www.tirant.net/index.php/empresa/politicas-de-empresa* nuestro Procedimiento de quejas.

Responsabilidad Social Corporativa: http://www.tirant.net/Docs/RSCTirant.pdf

Con todo mi cariño y agradecimiento a
doña Ana Patricia Bandala de Domínguez †
y a don Jorge Alfredo Domínguez Martínez

Contenido

Prólogo

Es para mí un honor y una satisfacción académica muy especial, que Ángel Gilberto Adame López, autor de la presente obra, me haya pedido prologarla lo que, así sea brevemente, hago con mucho gusto, pues las razones para ello se multiplican.

Se trata, en primer lugar, de un nuevo trabajo de investigación jurídica que se suma a anteriores de la pluma del autor: *Exposición sistemática de los legados* (2009), *El Albacea* (2022), ambos de la Colección de Breviarios del Colegio de Notarios de la Ciudad de México; *Antología de Académicos de la Facultad de Derecho* (edición privada) y *El impuesto sobre adquisición de inmuebles* (2022), editado y publicado por Editorial Porrúa; todos ellos presentados al público lector con claridad, concisión, riqueza de conceptos y una decidida y bien lograda intención de informar; éste, el que se prologa, no es la excepción.

Además, el tema que Adame López aborda es del todo interesante y reviste una importancia especial, porque su contenido —correspondiente a la génesis y evolución que el Código Civil local ha experimentado desde el inicio de su fuerza obligatoria hasta nuestros días—, puede ser objeto de una glosa, como lo es, de gran envergadura. Con su aportación deja constancia de los antecedentes del ordenamiento, de sus motivos, de su influencia en las legislaciones civiles de los estados; de su duplicidad de ámbitos espaciales de aplicación hasta el año 2000, es decir, primero para el Distrito y Territorios Federales en asuntos del orden común y para toda la República en asuntos del orden federal, para más adelante, limitarse en el primer supuesto al Distrito Federal por ya no haber, en su momento, territorios federales y a partir de 2000, devenir Código Civil para el Distrito Federal, con el mero cambio de su denominación a CDMX y dejar fuera lo que calificó como del ámbito federal, amén de pasar a ser, al mismo tiempo, Código Civil Federal. Alude y glosa, además, las modificaciones a las que se ha sometido en sus casi 96 años de vigencia.

Es, en todo caso, una magnífica oportunidad la que las circunstancias me brindan para dar mi reconocimiento al señor maestro Adame López como persona, notario, académico e investigador. Me consta su aplicación seria, ordenada y cada vez más depurada y con responsabilidad creciente, al desempeñarse como titular de la notaría 233 de esta entidad, a la que accedió, como lo hemos hecho todos sus pares, mediante exámenes de oposición como único medio para alcanzar la patente en la Ciudad de México desde 1946. Asimismo, he observado su cariño y apego de los más definidos en su desempeño docente, como profesor de asignatura en la Facultad de Derecho de la Universidad Nacional Autónoma de México (UNAM) y en el Departamento de Derecho de la Universidad Iberoamericana. He leído con interés merecido sus trabajos de investigación, atinados e ilustrativos; me consta el entusiasmo y la responsabilidad con que se condujo como presidente del Colegio de Profesores de Derecho Civil de nuestra facultad y no sé algo que contradiga o cuestione su comportamiento como miembro director de la familia que ha formado.

En suma, considero que será de gran utilidad la lectura de este volumen. Enhorabuena al autor y al foro mexicano por su publicación.

Doctor Jorge Alfredo Domínguez Martínez

Introducción

En el año 2024, el Código Civil para el Distrito Federal cumplió 96 años de haber sido publicado y 92 de haber entrado en vigor. Durante 68 años compartió el ámbito espacial de validez con el Código Civil Federal, el cual todavía conserva gran parte del texto del que se escindió. Además, durante el 42 se repartió la misma competencia con los extintos territorios federales. Si bien es cierto que ha sufrido reformas o mutilaciones, también es cierto que ha mantenido su esencia, lo que constituye una muestra de los conocimientos jurídicos y el compromiso de sus redactores. Al hacer un balance del Código, Ignacio García Téllez, uno de los miembros del equipo de juristas que lo elaboró, expresó:

> Por perfecta que se suponga toda ley no olvidemos tampoco que no es una panacea pues, aunque tuviésemos jueces justos, sabios, viriles y humanos, necesitarían estos vivir en un medio social honorable que no fuera víctima de la locura mercantilista, en donde hubiese más honestidad pública y privada y en la que nunca muriesen los ideales de redención.[1]

Ya que se trata de uno de los ordenamientos de su especie que han tenido una vigencia más larga tanto en Hispanoamérica como dentro de la República mexicana, es fundamental analizar sus alcances doctrinarios y las inquietudes intelectuales que motivaron a la Comisión redactora que le dio forma y consistencia.

Como se puede apreciar en la siguiente tabla, se condensan las legislaciones vigentes en las entidades federativas constatando la antigüedad de la que aún rige en la capital.

Entidad	Publicación	Entrada en vigor
Ciudad de México	26 de mayo de 1928 14 de junio de 1928 3 de agosto de 1928 31 de agosto de 1928	1° de octubre de 1932
Veracruz	15 de septiembre de 1932	1° de octubre de 1932

---

1 García Téllez, Ignacio, "El nuevo Código Civil", *Revista de la Universidad de México*, núm. 15, enero de 1932, p. 240.

Entidad	Publicación	Entrada en vigor
Nuevo León	6 de julio de 1935	1° de septiembre de 1935
Chiapas	2 de febrero de 1938	5 de febrero de 1938
Sinaloa	23 de julio de 1940	1° de diciembre de 1940
Hidalgo	8 de octubre de 1940	1° de diciembre de 1940
Campeche	17 de octubre de 1942	15 de enero de 1943
Oaxaca	30 de noviembre de 1944	30 de noviembre de 1944
San Luis Potosí	18 de abril de 1946	15 de abril de 1947
Aguascalientes	7 de diciembre de 1947	6 de enero de 1948
Durango	22 de enero de 1948	18 de septiembre de 1948
Sonora	24 de agosto de 1949	23 de agosto de 1949
Colima	25 de septiembre de 1954	1° de octubre de 1954
Guanajuato	14 de mayo de 1967	15 de junio de 1967
Baja California	31 de enero de 1974	2 de febrero de 1974
Chihuahua	23 de marzo de 1974	12 de abril de 1974
Tlaxcala	20 de octubre de 1976	20 de noviembre de 1976
Quintana Roo	8 de octubre de 1980	7 de noviembre de 1980
Nayarit	22 de agosto de 1981	21 de septiembre de 1981
Puebla	30 de abril de 1985	1° de junio de 1985
Zacatecas	24 de mayo de 1986	23 de julio de 1986
Tamaulipas	10 de enero de 1987	1° de febrero de 1987
Querétaro	22 de noviembre de 1990	23 de noviembre de 1990
Guerrero	2 de marzo de 1993	2 de septiembre de 1993
Morelos	13 de octubre de 1993	1° de enero de 1994
Yucatán	31 de diciembre de 1993	31 de marzo de 1994
Jalisco	25 de febrero de 1995	14 de septiembre de 1995
Tabasco	9 de abril de 1997	1° de mayo de 1997
Baja California Sur	19 de julio de 1996	15 de junio de 1997
Coahuila	25 de junio de 1999	1° de octubre de 1999
Estado de México	7 de junio de 2002	22 de junio de 2002
Michoacán	11 de febrero de 2008	8 de septiembre de 2008

Fuente: Elaboración propia

A partir de 1986 algunos estados de la República determinaron la separación de sus leyes civiles y familiares, lo que dio pie a una nueva vertiente codificadora:

Entidad	Publicación	Entrada en vigor
Zacatecas	10 de mayo de 1986	20 de julio de 1986
Morelos	6 de septiembre de 2006	1° de octubre de 2006
Michoacán	11 de febrero de 2008	8 de septiembre de 2008
San Luis Potosí	18 de diciembre de 2008	18 de marzo de 2009
Sonora	15 de octubre de 2009	1° de abril de 2011
Yucatán	30 de abril de 2012	28 de octubre de 2012
Sinaloa	6 de febrero de 2013	8 de marzo de 2013

Fuente: elaboración propia.

El presente estudio tiene como objetivo analizar los motivos y la forma en que se gestó el Código Civil de 1928. Para este fin, además de las precisiones jurídicas, es pertinente llevar a cabo primero un recorrido historiográfico, para después incluir una relación de todas las reformas que ha sufrido desde que comenzó a regir hasta la fecha.[2]

---

[2] El autor agradece la labor realizada por los prestadores de servicio social del Instituto de Investigaciones Jurídicas del Notariado del Colegio de Notarios de la CDMX por lograr la sistematización y búsqueda de las reformas del Código Civil de los años 2021 a la fecha. Gracias a Itzayana Tapia Espinosa, Emilio Cárdenas Espino y Ciro Antonio Delgadillo Osorio, bajo la coordinación del área de Investigación del mismo Instituto.

A. Antecedentes

1. Reglamento Provisional Político del Imperio mexicano de 1821

En sus disposiciones generales especifica que el país seguiría ciñéndose a ciertas normativas españolas que no fueran contradictorias con los principios derivados del proceso independentista. Una de ellas fue la materia civil, que no figuraba entre las prioritarias de los gobernantes en turno. Esta instrucción, aunque transitoria, actuó en coyuntura con la inestabilidad política y propició que los ordenamientos peninsulares siguieran aplicándose, por lo menos en la capital, hasta la promulgación de las leyes (de Reforma) y posteriormente del Código de 1870:

> Artículo 2. Quedan, sin embargo, en su fuerza y vigor las leyes, órdenes y decretos promulgados anteriormente en el territorio del Imperio hasta el 24 de febrero de 1821, en cuanto no pugnen con el presente reglamento, y con las leyes, órdenes y decretos expedidos, o que se expidieren en consecuencia de nuestra independencia. Y porque entre las leyes dictadas por las partes españolas hay muchas tan inadaptables como la Constitución, que aquí sería embarazoso expresar, se nombrará una comisión de dentro y fuera de la Junta que las redacte, y haciendo sobre ellas las observaciones que le ocurran, las presente a la misma Junta o al futuro Congreso, para que se desechen las que se tengan por inoportunas.

La joven nación independiente no fue ajena a la influencia que ejerció el Código Civil de los franceses del 21 de marzo de 1804. En su monumental biografía de Napoleón, Andrew Roberts relata la historia de este *corpus* jurídico:

> A finales de enero de 1801, Napoleón inició un ambicioso proyecto de reforma legal, cuyas consecuencias perdurarían más incluso que las del concordato. El Antiguo Régimen disponía de al menos 366 códigos locales en vigor, y en el sur de Francia se seguían una serie de principios legales basados en el derecho romano, totalmente diferentes de los del norte, basados en la costumbre. Por instinto Napoleón comprendió que, si Francia quería desarrollarse eficazmente en el mundo moderno, precisaba de un sistema jurídico y legal estandarizado, pesos y medidas uniformes, un mercado interno plenamente funcional y un sistema educativo centralizado, que permitiese a todos los adolescentes de talento acceder a puestos acordes con su mérito, y no por su nacimiento, sin importar su origen social. Su primera misión, y la más importante, fue unificar los 42 códigos legales franceses en un único sistema. Para este cometido monumental Napoleón tuvo un aliado incomparable en Cambacérès, que había sido secretario del comité encargado de revisar el Código Civil en 1792, y autor del Proyecto de Código

> Civil de 1796 [...] Para ayudar al Segundo Cónsul a acometer esta reforma, tan largamente pospuesta, se formó una comisión compuesta por los juristas y políticos más reputados del país, que incluía a Lebrun, François Tronchet, Félix Bigot de Préameneu y a Jean-Étienne Portalis. Napoleón presidió al menos 55 de sus 107 sesiones plenarias, interviniendo con frecuencia en materias de su interés particular, como el divorcio, la adopción y los derechos de extranjería. Su coletilla habitual en lo referido a las cuestiones "de interés general" y de justicia civil fue: "¿Es justo? ¿Es útil?". Algunos de los encuentros comenzaban a mediodía y no terminaban hasta bien entrada la noche. Napoleón se involucró personalmente en el largo y farragoso proceso de incluir las nuevas leyes en el código desde los debates iniciales en el Consejo, el proceso de elaboración de borradores o las críticas e intentos de enmienda de las distintas partes interesadas, hasta los comités específicos, los ataques subsiguientes de los grupos de presión afectados y los procedimientos legislativos en el Parlamento. La ratificación no fue cosa hecha: el Cuerpo Legislativo rechazó la ley preliminar por 142 votos contra 139, y el resultado en el Tribunado fue similar. De no haber mostrado Napoleón en persona su apoyo decidido, la ley nunca se habría proclamado. A pesar de que Cambacérès fue el artífice de trabajo de campo, merece ser denominado Código Napoleónico, porque fue el producto del universalismo racionalista de la Ilustración que abrazó Napoleón.

El Código, que es en esencia un compromiso entre el derecho común y derecho Romano, consistía en un cuerpo armónico y razonado de leyes de igual aplicación en todos los territorios administrados por Francia, que veían la luz por vez primera desde los tiempos del emperador Justiniano. Los derechos y deberes del gobierno y los ciudadanos quedaron codificados en los 2.281 artículos plasmados en 493 páginas, de prosa tan clara que Stendhal afirmó que eran para él una lectura cotidiana. El nuevo código contribuyó a cimentar la unidad nacional, en gran parte debido a que se basaba en el principio de libertad, de las personas y contratos. Confirmaba además el fin de los antiguos privilegios de clase [...] Y, sobre todo, ofrecía estabilidad después del caos de la Revolución.[3]

No obstante, las luchas intestinas que asolaron a México en el siglo XIX, en particular las que confrontaban al federalismo y al centralismo, impidieron que la injerencia del Código de Napoleón se materializara en leyes positivas hasta muchos años después de la Independencia.

---

[3] Andrew, Roberts, *Napoleón. Una vida*, Madrid, Ediciones Palabra, 2016 (versión digital).

2. Código Civil de 1870

Elaborado por un grupo de juristas integrado por Rafael Dondé, Joaquín Eguía Lis, José María Lafragua, Isidro Montiel y Duarte y Mariano Yáñez, quienes tomaron como base el proyecto de Justo Sierra O'Reilly (1859-1860) y el Código Civil del Segundo Imperio mexicano, así nació el texto definitivo del Código Civil de 1870, mismo que fue aprobado por el Congreso de la Unión, el 8 de diciembre de 1870, e inició su vigencia el 1° de marzo de 1871 en el Distrito Federal y Territorio de Baja California.[4]

Antonio Ramos Pedrueza recuerda:

> Apenas había don Benito instalado los primeros lineamientos del gobierno republicano, comisionó a eminentes abogados la continuación de la tarea. Una mañana vio entrar en el aposento que habitaba en el ex convento de la Enseñanza, en calidad de preso, a los señores Lafragua y Dondé con encargo del ilustre ministro de Justicia, don Antonio Martínez de Castro, de pedirle toda la documentación sobre el Código Civil [...] La República se emancipaba de la anarquía judicial en que había vivido el derecho civil y tenía su código propio, que después de catorce años sufriría algunas reformas, que no alteraron sus líneas fundamentales.[5]

3. Código Civil de 1884

Fue casi idéntico al Código de 1870, con la salvedad de que trajo consigo la plena libertad de testar.

Acerca de este ordenamiento, Óscar Cruz Barney señala:

> El 9 de abril de 1875 el Congreso ordenó al Ejecutivo que nombrara una comisión integrada por tres abogados que revisaran el citado Código y presentara un proyecto de las adiciones, modificaciones, aclaraciones y supresiones que debían hacérsele. En ella participaron José María Lozano, Teófilo Robredo, Eduardo Viñas y Esteban Calva como secretario. Los jueces de primera instancia en materia civil y representantes del Ministerio Público también presentaron sus propuestas. Otros comentarios fueron hechos por Juan N. Rodríguez de San Miguel y Luis G.

---

4 Cruz Barney, Óscar, *La codificación civil en México: aspectos generales*, México, Instituto de Investigaciones Jurídicas, 2005, p. 11.

5 Ramos Pedrueza, Antonio, "Cómo fue elaborado el Código Civil de 1870", *El Universal*, 26 de abril de 1928, p. 3.

> Borromeo, quien inclusive planteó un proyecto de enjuiciamiento verbal ante los jueces menores del Distrito Federal, y territorio de la Baja California y por Jesús Villalobos, este último en San Luis Potosí.
> El 22 de noviembre de ese mismo año se presentó el proyecto al Congreso de la Unión, luego lo revisó una comisión en donde figuraban Francisco Artigas y Manuel Bermejo, quienes participaron en los trabajos previos de 1877 y 1878. Estos documentos fueron retomados por el secretario de Justicia, Ignacio Mariscal y Fagoaga, quien integró una nueva comisión formada por José María Lozano, Manuel Dublán, Melesio Alcántara, Manuel Osio y Juan García Peña.
> En 1882 el presidente Manuel González nombró un comité revisor de los Códigos Civil y de Procedimientos Civiles del Distrito Federal, cuyos trabajos fueron aprobados por una segunda instancia.
> Finalmente, el 14 de diciembre de 1883 el Congreso facultó al poder Ejecutivo para que se realizaran las reformas correspondientes, el 31 de marzo de 1884 se expidió y el 24 de mayo se aprobó un nuevo Código Civil para el Distrito Federal y Territorio de la Baja California.[6]

El texto estaba integrado por un título preliminar sobre la ley, sus efectos y reglas de aplicación. Su estructura formal contemplaba cuatro libros, el primero de las personas, el segundo de los bienes, el tercero de los contratos y el cuarto de las sucesiones. Durante su vigencia, las reformas más significativas que se le hicieron fueron:

1. El 29 de diciembre de 1914 se admitió el divorcio vincular. En junio de 1916 se simplificaron las reglas de la separación por mutuo consentimiento y se disminuyeron la cantidad de juntas de avenencia y la responsabilidad del que se desistiera del divorcio.
2. Con la entrada en vigor de la Ley sobre Relaciones Familiares de 1917 se derogaron algunos capítulos del Código. Esta contenía 555 artículos y 43 títulos, además, fue abrogada por el artículo 9º transitorio del Código Civil de 1928.[7]

Marco Vinicio Padilla señala al respecto:

> Al revisar la entrada en vigor de la Ley sobre Relaciones Familiares en esa página electrónica [se refiere a la de la Suprema Corte de Justicia de la Nación], para mi sorpresa encontré dos publicaciones, cuando desde mi estudio siempre había sabido que dicha Ley nunca fue reformada durante sus quince años de vida. Más fue mi asombro cuando caí en cuenta de que la primera publicación estaba incompleta y reflejaba un (*sic*) que los editores de la Corte escribieron intencio-

---

6 Cruz Barney, Óscar, *op. cit.*, pp. 12-14.

7 Estuvo vigente del 14 de abril de 1917 al 30 de septiembre de 1932.

nalmente. La primera publicación se hizo seriada en cuatro días, a saber, el 14, el 16, el 17 y el 18 de abril de 1917, sin embargo, la última de las publicaciones, es decir, la de 18 de abril de 1917, sólo llegaba hasta el artículo 503 y no establecía artículos transitorios que ordenaran el inicio de vigencia, información que confirmé en las publicaciones del Diario Oficial de la Federación relativas a esas fechas y que pueden consultarse electrónicamente [...].
Las dudas se despejaron cuando, avanzando en las publicaciones de días posteriores en el Diario Oficial de la Federación, advertí que esa segunda publicación de la Ley, seriada los días 9, 10 y 11 de mayo de 1917, era una fe de erratas de la primera, pues en las publicaciones de abril constaté que había errores tipográficos, mecanográficos, falta de texto, artículos que se repetían y numeración que en algunos casos no era seriada. Estas publicaciones de mayo finalmente exponían la Ley Sobre Relaciones Familiares de manera completa, estableciendo en el artículo 10º de las disposiciones varias (ahora transitorios) el inicio de vigencia el día de su publicación, que a la letra decía: "Esta ley comenzará a regir desde la fecha de su publicación". Salvo lo que los críticos de este ensayo espeten, yo interpreto que la Ley en mención entró en vigor en la última de las fechas de publicación, *id est*, el 11 de mayo de 1917, aunque desde luego cabría la interpretación insinuada en el párrafo anterior en el sentido de que la vigencia dependerá de la disposición en particular y en qué fecha se halle publicada, y con lo que discrepo pues, asumiendo que la disposición cuya vigencia requiere ser evaluada sea la primera o la segunda, sería imposible su validez sin que se supiese el inicio de su aplicabilidad consecuencia de la falta de artículos transitorios específicos para tales publicaciones.[8]

3. El pacto de retroventa fue suprimido, con el objetivo de evitar los abusos de los prestamistas. Asimismo, se impuso la obligación de aceptar la moneda de cuño corriente para solventar obligaciones civiles, cualquiera que fuera su especie.

---

[8] Padilla Arceo, Marco Vinicio, *El curioso caso de la entrada en vigor de la Ley sobre Relaciones Familiares*, México (texto inédito), 2018.

B. Motivos, elaboración y recepción del Código Civil de 1928

1. Motivos

La idea de un nuevo Código Civil surgió por la necesidad de responder a los constantes cambios sociales que la vida posrevolucionaria trajo consigo para la capital, así como al desarrollo económico y las tendencias socialistas que impulsaba el gobierno de la época. Por esas razones se planteó la urgencia de hacer una reforma sustancial que procurara, bajo esas premisas, el beneficio de la población.

SECRETARIA DE GOBERNACION

CODIGO CIVIL

DEL

DISTRITO Y TERRITORIOS FEDERALES

EDICION OFICIAL

TALLERES GRAFICOS DE LA NACION

MEXICO, D. F.

1928

Francisco H. Ruiz, uno de sus principales impulsores, comenta lo siguiente:

> La socialización del Derecho hace que el Estado intervenga para amparar al débil en la cruda lucha por la vida y que no permanezca espectador indiferente y mudo en las batallas de la concurrencia, que producen el aplastamiento del débil por el fuerte; sino que inspirado en principios humanitarios, vaya en defensa del desamparado. La intervención del Estado en apoyo del débil económicamente no es ya una actividad optativa, sino una obligación que tiene que cumplir. El Estado, además de las viejas funciones de limitación y tutela de los derechos individuales, ha comenzado a desempeñar la altísima función social de ayudar al débil sin reducir a la impotencia al fuerte, de intervenir y reglamentar las relaciones jurídicas del humilde con las poderosas organizaciones productoras, entes impersonales e inaccesibles a todo sentimiento de piedad.[9]

De manera sustantiva, se alegó que los motivos para las modificaciones eran la necesidad de revisar todas las disposiciones que se referían al estado de las personas, la familia, la propiedad literaria y artística, ya que no se comprendían todos los casos derivados de los adelantos en cinematografía y otras manifestaciones del arte. Además, se explicó que el tema de las sucesiones reclamaba transformaciones que estuvieran de acuerdo con los nuevos criterios imperantes. Por último, teniendo en cuenta la influencia suiza, se concluyó que era necesario innovar integrando un capítulo de reglas generales de los actos jurídicos.

2. Iniciativa y autorización

En sus encargos, los presidentes Adolfo de la Huerta y Álvaro Obregón acometieron una labor de recopilación y actualización de la legislación. Así, desde el 1° de enero de 1921 se constituyó una Comisión Legislativa adscrita, primero, a la Presidencia de la República que se encargaría de la revisión y reforma de las leyes y de todos los demás asuntos de esta índole que el Ejecutivo tuviera a bien indicar.

---

9 H. Ruiz, Francisco, "La socialización del derecho privado y el Código Civil de 1928", *Revista de la Escuela Nacional de Jurisprudencia*, núm. 31, julio-septiembre, 1946, pp. 50 y 51.

Omar Guerrero describe cuáles fueron las características de la Comisión Técnica de Legislación como instancia auxiliar:

> Comenzamos con una de las herencias de la Secretaría de Justicia: el Departamento Constitutivo y de Justicia, el cual fungía como un auxiliar del resto de los Departamentos y oficinas de la Secretaría de Gobernación [...]. Otro legado fue la Comisión Técnica de Legislación, que estaba encargada de preparar los proyectos de reformas constitucionales, así como las leyes y decretos emanados del Poder Ejecutivo federal, los proyectos de reformas de los códigos, y los decretos y leyes para el Distrito y territorios federales. Se ocupó especialmente de la elaboración del proyecto del Código Civil, modificando los libros cuatro y último. Estas modificaciones se hicieron con motivo de las observaciones que hicieron llegar a la Comisión, algunas oficinas federales, agrupaciones de abogados y particulares. Una vez aprobado el proyecto de ley respectivo, se publicó.
>
> Es de llamar la atención sobre que, de conformidad con la exposición de Felipe Canales, subsecretario del Despacho de Gobernación:
>
> El nuevo Código Civil no está sustentado en las ideas egoístas establecidas en el Código de 1884, no está de acuerdo con el dogma establecido por la Revolución francesa y sancionado por el Código napoleónico, que consiste en la igualdad de todos ante la ley, tomando en cuenta que es un absurdo suponer las mismas responsabilidades a personas que habían sido tratadas en forma diversa por la naturaleza, y más si se atiende a que no es uniforme el medio social en que viven.
>
> Otro de los trabajos de la Comisión fue la reforma política del Distrito Federal, cuyos poderes habían estado organizados como una dependencia directa del Ejecutivo Federal. Incluso sus ayuntamientos carecían de la autonomía política y económica establecida por la Constitución de 1917, para los ayuntamientos de la República. Una vez que fue aprobada la reforma constitucional que suprimió los ayuntamientos del Distrito y de los territorios federales, fue necesario sustituirlos por un organismo político-administrativo que tomara a su cargo las funciones que desempañaban y que debían implantarse de conformidad con las transformaciones sociales, económicas y políticas producidas por la Revolución.
>
> En suma, los trabajos de la Comisión Técnica Constitutiva derivaron en el proyecto de que el Distrito Federal debería ser organizado integralmente como una verdadera entidad federativa, sin omitirse que forma una unidad geográfica singular, toda vez que contaba con su Poder Legislativo, el Congreso de la Unión, que también legislaba para el Distrito Federal. Tenía igualmente su Poder Ejecutivo: el presidente de la República, a quien la reforma constitucional encomendó al gobierno del Distrito Federal. Finalmente, tenía también Poder Judicial propio, independiente del Poder Judicial de la Federación.
>
> La Comisión era de la idea de que las atribuciones que, antes de la reforma constitucional correspondían a los ayuntamientos y al gobierno del Distrito Federal, deberían pasar al Poder Ejecutivo, a quien las ejercería mediante un órgano que sería establecido por la ley orgánica relativa.
>
> Por otro lado, una subcomisión fue encargada de estudiar y revisar los anteproyectos del Código Penal y de los Procedimientos Penales, a cuyo objetivo convocó la participación de asociaciones científicas y de los especialistas en materia. Paralelamente, una vez reformado el Código Civil, la Comisión Técnica de

> Legislación inició el estudio del proyecto del nuevo Código de Procedimientos Civiles.[10]

Ya bajo el mandato de Plutarco Elías Calles, el 10 de diciembre de 1925, Neguib Simón Jalife y Rafael Álvarez presentaron ante la Cámara de Diputados una iniciativa para que se concediera al Ejecutivo la autorización de elaborar, aprobar y expedir un Código Civil. Las razones aducidas para ello fueron teóricas: desde 1910 evolucionaron las ideas adoptadas por la legislación fundamental, pasando por el liberalismo clásico, para acercar los principios de justicia social que estaban reñidos con el "dejar hacer, dejar pasar".

Al observar que las reglas jurídicas para el orden común del Distrito Federal y de los territorios no habían sido modificadas y que estaban de acuerdo con las perspectivas que inspiraron la Constitución de 1857, los legisladores reconocieron lo difícil que era para el Congreso normar la materia, "porque sus integrantes se dedicaban con fervor a la política" y ya muchas de las entidades federativas habían hecho las adecuaciones correspondientes.

Dijeron también que un nuevo ordenamiento civil debía elaborarse con serenidad y por eso consideraban que el Ejecutivo estaba más capacitado para nombrar comisiones de profesionales de tiempo completo. Así fue como, mediante un decreto que se publicó en el *Diario Oficial de la Federación,* el 30 de enero de 1926, el Legislativo facultó a Plutarco Elías Calles para realizar la citada tarea.

El único artículo que contenía el decreto respectivo fijaba que el plazo de dicha autorización terminaría el 30 de noviembre de ese año y aclaraba que el presidente debía dar cuenta del uso que hubiere hecho de esas potestades. Vencido el plazo sin haberse cumplido el objetivo, se emitió un segundo decreto el 6 de diciembre, publicado el 6 de enero de 1927. En él se estipulaba una nueva prórroga hasta el 31 de mayo. El 16 de octubre, ante la indiferencia de las cámaras, el Ejecutivo solicitó que se le concediera un nuevo plazo de un año.

En las sesiones plenarias del 25 de noviembre y 9 de diciembre, los legisladores aprobaron la nueva prórroga, con la consideración de que

---

10 Guerrero, Omar, *Historia de la Secretaría de Gobernación,* México, Porrúa, 2011, pp. 321 y 322.

los anteproyectos habían sido elaborados por distintas comisiones designadas para el caso, por lo que era necesario coordinar las tendencias mediante una revisión en conjunto para que el resultado fuera eficaz.

Así, mediante decreto del 3 de enero de 1928, publicado el día 14, el Congreso fijó como fecha límite el 31 de agosto.

3. Integración de la Comisión redactora

Los trabajos de la Comisión Técnica de Legislación: Sección civil, comenzaron el 7 de enero de 1926 con la intención de actualizar el Código Civil del Distrito Federal y Territorio de la Baja California del 31 de marzo de 1884.

Para la realización del proyecto se instauró un grupo redactor, integrado por los abogados Rafael García Peña y Mayorga, Ignacio García Téllez, Francisco H. Ruiz (también conocido como Francisco Hernández Ruiz o Francisco Ruiz Hernández) y Fernando Moreno Bañuelos.

Rafael García Peña y Mayorga

Rafael García Peña y Mayorga,[11] nacido en Actopan, Hidalgo, el 14 de mayo de 1876, formó parte de la generación de 1895 de la Escuela Nacional de Jurisprudencia, donde tuvo como compañero a Rodolfo Reyes. Ejerció como juez segundo y magistrado del Tribunal Superior de Justicia de Veracruz. García Téllez recuerda que sus aportaciones a la codificación fueron parciales, ya que se vio superado por la carga de trabajo. Falleció el 7 de agosto de 1945 en la Ciudad de México.

Ignacio García Téllez

Ignacio García Téllez nació en León,[12] Guanajuato, el 21 de mayo de 1897 y murió en Cuernavaca, Morelos, el 14 de noviembre de 1985. Se tituló como abogado por la Escuela Nacional de Jurisprudencia en 1921. Fue gobernador interino de su estado natal en 1923 y rector de la UNAM de 1929 a 1932. También se desempeñó como secretario de Educación, de Trabajo y de Gobernación. En este último cargo coordinó el

---

11 Algunos autores suelen confundirlo con el general maderista Ángel García Peña (1856-1928). La imagen es tomada de la obra Adame López, Ángel Gilberto, *El código Civil de 1928, una reseña histórico-jurídica, 2ª. ed.*, México, Tirant lo Blanch, 2021, p. 26.

12 La imagen fue tomada Ibidem, p. 27.

traslado y la llegada al país de los refugiados del exilio republicano español. Fue el primer director del Instituto Mexicano del Seguro Social (IMSS). Fungió como secretario del grupo y, ya en vigor el nuevo Código Civil, editó la obra *Motivos, colaboración y concordancias del nuevo Código Civil México,* en el que detalló las particularidades del magno proyecto.

Francisco Hernández Ruiz

Francisco H. Ruiz nació en Sayula,[13] Jalisco, el 26 de diciembre de 1872. Se recibió como abogado en 1899. Fue él quien asumió el liderazgo sobre la elaboración del Código Civil; se distinguió por su aptitud para realizar el análisis y la comparación de las legislaciones que sirvieron de apoyo, así como para adecuar el documento al orden necesario para la ciudad. Destacó además su ejercicio como notario, su gestión como magistrado presidente del Tribunal Superior de Justicia de Jalisco y como ministro presidente de la Suprema Corte de Justicia de la Nación de 1928 a 1940. Fue profesor de las escuelas Nacional Preparatoria y Nacional de Jurisprudencia; además se desempeñó como secretario del ayuntamiento de Guadalajara, secretario general de Gobierno y gobernador de su estado natal. Falleció el 12 de septiembre de 1958.

---

13 La imagen fue tomada Ibidem, p. 28.

Fernando Moreno Bañuelos

Fernando Moreno Bañuelo[14] nació en 1858 en la ciudad de Zacatecas. Es presumible que cursara sus estudios profesionales en el Instituto de Ciencias de su estado natal, en el cual fungió como catedrático de las materias de derecho romano, economía política, derecho civil, derecho mercantil y filosofía del derecho. Fue también director interino de esta institución. Fuera del ámbito académico laboró como litigante, juez y magistrado en su estado natal. Además, fue nombrado diputado suplente por la ciudad de Sombrerete y, posteriormente, obtuvo el cargo de propietario del primer distrito electoral. En la Ciudad de México integró, además del equipo redactor, las llamadas Comisiones Especiales del Salario Mínimo. Cuando iniciaron los trabajos de codificación tenía 68 años, lo que lo convirtió en el integrante de mayor edad. Al fallecimiento de Victoriano Pimentel, el Congreso de Zacatecas lo propuso al de

14 Ante la nula investigación, al licenciado Fernando Moreno Bañuelos se le ha llegado a confundir con el médico cirujano Fernando Moreno García (1879-1932), quien fue diputado constituyente representando al Estado de México. De hecho, en la colonia "Constituyentes de 1917", existe una calle que erróneamente lleva por nombre "licenciado Fernando Moreno". La imagen fue tomada en Ibidem, p. 29.

la Unión como ministro de la Suprema Corte, aunque la petición ya no fue atendida. Escribió el opúsculo *Federalización de la Educación Popular*, mismo que se imprimió a finales de 1920 en los talleres de la Secretaría de Gobernación. La relevancia de esta obra radica en que, escrita originalmente en 1916, fue precursora del proyecto vasconcelista que culminó con la creación de la Secretaría de Educación Pública (SEP). Falleció el 20 de abril de 1941 en la Ciudad de México. Según lo relatado por García Téllez, Moreno abandonó el proyecto de elaboración por las extenuantes jornadas de trabajo.

Manuel Borja Soriano

A pesar de que Manuel Borja Soriano[15] no fue un integrante formal, participó en la autoría intelectual del libro cuarto. El jurista nació el 13 de agosto de 1873 en la Ciudad de México y falleció el 23 de enero de 1967 en la misma. Estudió en la Escuela Nacional de Jurisprudencia y obtuvo el grado de doctor *ex officio*. Fue titular de la notaría 47 del Distrito Federal desde el 1° de enero de 1900 hasta su muerte. Fue presidente del Colegio de Notarios capitalino. García Téllez escribió:

> Sería injusto si no tributara en estas líneas mi reconocimiento para el maestro de maestros, tanto por su amplísima cultura en legislación civil como por su inagotable bondad: me refiero al jurisconsulto don Manuel Borja Soriano, quien

---

15 La imagen fue tomada Ibidem, p. 30

> me abrió de par en par las puertas de su magnífica biblioteca y, robando tiempo a sus horas de ejercicio profesional, no escatimó su consejo y su cooperación.[16]

Francesco Cosentini Barrese

En opinión de Roberto Cossío y Cosío[17] y José Ramón Narváez,[18] el jurista italiano Francesco Cosentini Barrese (Benevento, 6 de diciembre de 1870-Roma, 17 de julio de 1944), quien había radicado en México, fue un artífice de las tendencias socializantes del Código, aunque tampoco figuró formalmente en el grupo encargado. Narváez incluso descubrió que un párrafo de la exposición de motivos proviene directamente de uno de los libros más conocidos del jurista italiano:

> Una socialización del derecho será un coeficiente indispensable de la socialización de todas las otras actividades, en oposición con el individuo egoísta, ha-

---

16 García Téllez, Ignacio, *op. cit,* p. 238.

17 Cossío y Cosío, Roberto, *Influencia de Francisco Cosentini en el nuevo Código Civil,* Tesis profesional, México, 1929. La imagen fue tomada de Adame López, Ángel Gilberto, *El código Civil…, op. cit,* p. 31.

18 Narváez Hernández, José Ramón, "El código privado-social. Influencia de Francesco Cosentini en el Código Civil mexicano de 1928", en *Anuario Mexicano de Historia del Derecho,* núm. 16, 2004.

> ciendo nacer así un tipo de hombre más elevado: el hombre social. Socializar el derecho significa extender la esfera del derecho del rico al pobre, del propietario al trabajador, del industrial al asalariado, del hombre a la mujer, sin ninguna restricción ni exclusivismo. Pero es preciso que el derecho no constituya un privilegio o un medio de dominación de una clase sobre la otra.[19]

De hecho, Cosentini avaló la manera en que se llevaron los trabajos:

> Un Congreso no se compone de juristas, es un organismo político que puede tener ideas felices, innovadoras, pero que difícilmente puede expresarlas en una forma jurídica adecuada, y, lo que más importa, armonizándolas con la legislación anterior. Consúltese el Código Civil francés, para ver cómo está ahora, después de las enmiendas introducidas. Hay un enorme contraste entre los artículos del viejo Código Napoleónico, obra maestra técnica codificadora, de concisión y de precisión, y las nuevas disposiciones emanadas del Parlamento, enmiendas muy oportunas, muy de acuerdo con la nueva orientación del espíritu social; pero expresadas en una forma jurídica imperfecta, muy a menudo en contradicción evidente con otras disposiciones del mismo Código; así se forma un conjunto híbrido, inorgánico, incoherente.
>
> Una Comisión Consultiva, colaborando con el Poder Legislativo, podría, por lo tanto, evitar todos los errores, todas las incoherencias, y asegurar la formación de una legislación orgánica, armónica, coherente.[20]

4. Los trabajos de la Comisión

El estudio y la redacción demoraron más de dos años hasta que finalizó la primera etapa con la presentación de un proyecto ante el foro. El texto se nutrió de los estudios críticos hacia la legislación común local y de un trabajo comparativo con las legislaciones extranjeras, como la francesa, estadounidense, suiza, alemana, italiana, argentina, brasileña e inglesa.

García Téllez detalló algunas de sus impresiones sobre la actitud asumida por los miembros durante la realización de su encomienda:

---

[19] Cosentini, Francesco, *La reforma de la legislación civil y el proletariado,* Madrid, Biblioteca Moderna de Filosofía y Ciencias Sociales, 1921, p. 333.

[20] Cosentini, Francesco, "La comisión jurídica del Ejecutivo", *El Universal,* 8 de junio de 1932, p. 3.

> El Código fue elaborado aproximadamente en dos años de estudios, siguiéndose como método de trabajos: primeramente, la revisión y crítica del Código de 84; después, el estudio comparativo de la legislación común latina, hispanoamericana, europea, americana e inglesa, todo analizado con un criterio eminentemente progresista y teniendo la vista siempre atenta a las condiciones peculiares de nuestro país.
> [...] Las labores fueron tan agotantes y continuadas, que la Comisión se vio privada de las doctas opiniones y experimentados consejos en forma definitiva y parcial de dos de sus miembros. El criterio predominante fue el moderado: mi actitud definida de reformador radical pugnaba con la posición defensora de las doctrinas básicas del Código de 84, asumida por nuestro compañero el experimentado y leal licenciado García Peña, correspondiendo casi siempre al infatigable e ilustrado jurisconsulto Ruiz hacer la síntesis de las frecuentes pugnas ideológicas, muchas veces apasionadas y largas, pero siempre cariñosas, pues nunca, en ninguna ocasión, se enfrió nuestra sincera amistad, para siempre sellada, en esta obra que recibió de mis colegas todo el fruto de su sabiduría y de su prudencia y sólo parte de mi ardiente ideal de completa renovación social.[21]

El resultado de los trabajos hacia la conformación del nuevo cuerpo normativo se puede resumir en los siguientes puntos:

4.1. Respecto a la equiparación de la capacidad jurídica del hombre y la mujer, se estableció que ésta no quedaba sometida por razón de su sexo a restricción legal alguna en la adquisición y ejercicio de sus derechos.

4.2. El otorgamiento de una protección efectiva a la clase desvalida o ignorante, graduándose las disposiciones inspiradas en la igualdad ante la ley y la voluntad como suprema ley de los contratos. Se comprendió que no todos los hombres tratados desigualmente por la sociedad —en atención a su riqueza, cultura, etcétera— pueden ser regidos sin variación por la misma norma. Por eso se dispuso que, cuando alguno, explotando la suma ignorancia, notoria inexperiencia o extrema miseria del otro, obtiene un lucro excesivo que sea evidentemente desproporcionado con lo que él, por su parte, se obliga. El perjudicado tiene derecho de pedir la rescisión del contrato, y cuando esto no sea posible, la reducción equitativa de su obligación que es lo que hoy conocemos como lesión.

---

21 García Téllez, Ignacio, *op. cit.*, p. 238.

4.3. Se moderó el rigor del precepto que establecía que la ignorancia de las leyes debidamente promulgadas y publicadas no excusa su cumplimiento, mismo que se apoya en una ficción legal desmentida de manera constante por la experiencia, y se facultó a los jueces para que, teniendo en cuenta el rezago académico de muchos individuos, su apartamiento de las vías de comunicación y su miserable situación económica, pudieran eximirlos, de acuerdo con el Ministerio Público, de las sanciones en que hubieran incurrido por falta de apego a la ley que ignoraban, o —de ser posible— concederles un plazo para que la cumplieran, siempre que no se tratara de normas que pudieran afectar directamente el interés público y que no resultara un perjuicio a tercero.

4.4. El reconocimiento de la personalidad moral de los sindicatos, asociaciones profesionales y de las demás a las que se refiere el artículo 123, fracción XVI, de la Constitución Federal, así como de las sociedades cooperativas y mutualistas.

4.5. En cuanto a los hijos, se suprimió la diferencia entre los legítimos y los nacidos fuera del matrimonio para que gocen de los mismos derechos. Se ampliaron los casos de la investigación de la paternidad:

> Porque los hijos tienen derecho de saber quiénes los trajeron a la vida y de pedir que los autores de su existencia les proporcionen los medios de vivir; pero se procuró que la investigación de la paternidad no constituyera una fuente de escándalo y de explotación por parte de mujeres sin pudor que quisieran sacar provecho de su prostitución [...] Hay entre nosotros, sobre todo en las clases populares, una manera peculiar de formar la familia: el concubinato. Hasta ahora se habían quedado al margen de la ley los que en tal estado vivían, pero el legislador no debe cerrar los ojos para no darse cuenta de un modo de ser muy generalizado en algunas clases sociales, y por eso en el proyecto se reconoce que produce algunos efectos jurídicos el concubinato, ya en bien de los hijos o en favor de la concubina, que al mismo tiempo es madre y que ha vivido por mucho tiempo con el jefe de la familia. Esos efectos se producían cuando ninguno de los que viven en concubinato es casado, pues se quiso rendir homenaje al matrimonio, pues la Comisión considera como la forma legal y moral de constituir la familia, y si se tratara del concubinato, es como se dijo antes, porque se encuentra muy generalizado, hecho que el legislador no debe ignorar.[22]

---

[22] Elías Calles, Plutarco, "Discurso de 1 de septiembre de 1928 ", en *Los Presidentes de México ante la nación, informes, manifiestos y documentos de 1821 a 1966*, t. III, México, Imprenta de la Cámara de Diputados, 1966.

4.6. Al tratar la propiedad, se separó de la tendencia individualista que campeaba en el derecho romano, en la legislación napoleónica y en gran parte de nuestras normas vigentes; en cambio, se aceptó la teoría progresista, que concibe el derecho de propiedad como el medio de cumplir una verdadera función social. Por tanto, no se consideró la propiedad como un derecho intangible y sagrado, sujeto en su ejercicio a la apreciación individual del propietario, sino como un derecho mutable que debe modelarse sobre las necesidades sociales a las cuales está llamado a responder. A este efecto y de acuerdo con los preceptos constitucionales relativos, se impusieron algunas modalidades a la propiedad, tendientes a que no quedara al arbitrio del propietario dejar improductiva su finca y a que no se usara su derecho con perjuicio de tercero o con detrimento de los intereses generales.

4.7. La reglamentación del patrimonio de la familia, donde se procuró no lastimar intereses legítimos al constituirlo. Se tuvo especial empeño en dar facilidades a las familias pobres y trabajadoras para que pudieran adquirir bienes raíces pertenecientes a los gobiernos federal y del Distrito Federal, a los municipios, o que no estuvieren destinados al uso común ni a un servicio público, y se dejó a la autoridad administrativa en completa libertad para que dictara todas las medidas que las circunstancias sugieran. Se tenía la esperanza de que la propuesta produjera incalculables beneficios al país, pues si el sistema se generalizaba, se lograría que la mayoría de las familias mexicanas tuvieran una casa módicamente adquirida y una pequeña parcela que les proporcionara lo necesario para vivir. De consolidarse esa institución, sin carga alguna para la nación, sin quebrantamiento de la propiedad rural y sin despojos, se habrían puesto las bases más sólidas de la tranquilidad doméstica, de la prosperidad agrícola y de la paz orgánica.

4.8. Se modificó la legislación sobre propiedad intelectual, pues no se consideraba a ésta como un derecho perpetuo, sino como un privilegio limitado, de acuerdo con la tesis que establecía el artículo 28 de la Constitución. Se creyó que era justo que el autor o el inventor gozara de los dividendos que resultaran de su obra o de su invento, pero no que trasmitiera esa propiedad a sus más remotos herederos tanto porque la sociedad estaba interesada en que las obras e inventos de positiva utilidad entraran al dominio público, como porque en tales obras e inventos se había aprovechado la experiencia de la humanidad y los conocimientos de los antecesores, por lo que no podía sostenerse que fuera obra exclusiva del autor ni del inventor.

4.9. Por lo que toca a la sucesión legítima, el derecho de heredar se limitó hasta el cuarto grado de la línea colateral, porque más allá de ese grado, los vínculos familiares son débiles y es una ficción suponer que el autor de la herencia quiera dejar sus bienes a parientes remotos que quizá ni haya conocido.

4.10. En materia de obligaciones, era conveniente no dejar fuera de la ley formas de obligarse a que el progreso hubiera creado y que los códigos civiles modernos y connotados juristas hubieran aceptado de manera definitiva. De gran trascendencia fue la adopción de la teoría del riesgo profesional, según la cual, el patrón responde por los accidentes que sufren sus obreros, independientemente de toda culpa o negligencia de su parte, pues se considera el accidente como una eventualidad de la empresa y que tienen obligación de responder los que reciben el beneficio de ella.

4.11. El contrato de arrendamiento se modificó profundamente y se hicieron desaparecer todos aquellos privilegios que dificultan la situación del arrendatario y establecidos en favor del propietario.

4.12. El contrato de aparcería se reformó con objeto de armonizar los intereses del propietario y del aparcero, asociándolos al éxito del cultivo.

4.13. Se incorporó, por vez primera, en la historia de la legislación, un libro dedicado a las obligaciones:

> Se comenzó por establecer una teoría general de las obligaciones a fin de reunir los preceptos que se encontraban dispersos en diferentes partes del código. [...] La doctrina desarrollada sustituye el principio fundamental de la autonomía de la persona como voluntad libre para obligarse y disponer de sus bienes como mejor le parezca, por un imperativo menos metafísico e individualista cual es, la sujeción de la actividad humana a las necesidades de interdependencia y solidaridad social y el reconocimiento de los derechos, en tanto contribuyen al bienestar y progreso de la colectividad. Dentro de ese margen se desea que la fecunda iniciativa individual no se detenga frente al rigorismo de los contratos solemnes y que la equidad base esencial del derecho prepondere sobre el inflexible texto de la Ley a cuyo efecto se reconoció que producen efectos jurídicos los convenios

> cumplidos por el deudor, aunque no llenen las formalidades legales [...]. Para la mejor comprensión del tema trascendental de las obligaciones, se metodiza científicamente su exposición, clasificando sus diferentes especies, estudiando pormenorizadamente sus formas de transmisión, extensión y sus efectos con relación a terceros.[23]

Concluido su análisis, los redactores aseguraron que las modificaciones que plantearon con respecto a los ordenamientos antecedentes derivaron de su intención de modernizar "nuestro Derecho civil, quitándole su pesado formalismo y adecuándolo a las necesidades de la vida contemporánea".[24]

5. Asuntos pendientes

Los redactores también indicaron los temas en que, a pesar de estar de acuerdo en normarlos, diversas circunstancias se los impidieron. Estos fueron los siguientes:

5.1. La homologación, a nivel federal, de toda la materia civil

García Téllez arguyó:

> Los autores del nuevo Código habrían seguramente sugerido la reforma constitucional unificadora de la legislación contractual, si no se les hubiese augurado el fracaso por la oposición de las legislaturas locales, y tenido en cuenta, por otra parte, que científicamente el problema decae al expedirse el nuevo Código Civil como supletorio del mercantil, al regir en toda la República en asuntos del orden

---

23 Archivo personal del presidente Plutarco Elías Calles y de Fernando Torreblanca; *Breve informe sobre algunas de las más importantes reformas que figuran en el ante proyecto de Código Civil,* por Francisco H. Ruiz el 12 de diciembre de 1927, con copia a Ignacio García Téllez en papel membretado de la Secretaría de Gobernación, Comisión Técnica de Legislación, p. 33 GAV 70 Secretaría de Gobernación, Exp. 75, Leg. 17/21, Inv. 5362. Para ahondar en este tema puede consultarse la tesis: *Un análisis del concepto de obligación: el doble cambio de Paradigma cultural y conceptual en el Código Civil de 1928,* misma que presentó Juan Cortiñas Barajas para la obtención del grado de doctor en Derecho por la Universidad Panamericana.

24 *Idem.*

federal y por esperarse que se repita el precedente de la aceptación del Código de 84 en la totalidad de los estados.[25]

Por su parte, Fernando Moreno compartía las inquietudes de García Téllez desde 1916:

> Dentro de los límites de un Estado —no obstante el mismo régimen y las mismas tradiciones administrativas— hay esa pluralidad de pareceres, esas orientaciones contrarias y esos antagonismos, y ya se deja ver que estos han sido y, acaso seguirán siendo, mucho mayores y más profundos entre los diversos estados que integran la República, pues dada la libertad completa que tienen para legislar en esta materia [...] ha venido a aumentarse y hacerse más honda la diversidad de legislación y de disposiciones administrativas.[26]

5.2. *La derogación tácita de leyes caídas en desuso*

> Puede recordarse, entre otras, la imposibilidad que se presentó para dar al Código mayor fuerza vital, permitiendo inaplicabilidad por los tribunales de disposiciones caídas en desuso o que, chocando con nuevas y arraigadas costumbres, pudieran considerarse como derogadas de hecho, como si la norma legal fuese letra muerta, o bien que por los motivos que la inspiraron pudiera presumirse que sería monstruoso aplicarla. Se habría dado también un gran paso si los principios de equidad tuvieran que haber servido de obligado criterio a los tribunales para fallar en el caso de que una controversia judicial no pudiere decidirse por falta de ley o de fuentes de interpretación.[27]

5.3. *Reglas más justas en materia de irretroactividad de las leyes*

> Si se admite, como no se puede menos de hacer, que en determinadas etapas de la vida de los pueblos son incontenibles las ansias progresistas de la comunidad, hay que evitar que se realicen violentamente o se vean expuestas a fracasar por tener que doblegarse ante el peso de privilegios injustos. Busquemos soluciones legales, pacíficas, para las circunstancias en las que el orden público absoluto y un interés común patente exige sacrificar derechos nacidos al amparo de una legislación pasada, con la seguridad de que el orden no se desquiciará, ya que

---

25 García Téllez, Ignacio, *op. cit.*, p. 229.

26 Moreno, Fernando, *Exposición de motivos del Proyecto sobre reformas constitucionales entre las que se incluye la referente a la federalización de la educación primaria y de la normalista*, México, Imprenta de la Secretaría de Gobernación, 1920, p. 16.

27 García Téllez, Ignacio, *op. cit.*, p. 229.

las posiciones jurídicas individuales deben doblegarse frente a las de la comunidad.[28]

5.4. *La supremacía absoluta de la ley mexicana en su territorio*

Estimo que la autoridad de un gobierno se quebranta y su soberanía se menoscaba cuando la mayoría o un sector considerable de su población está sujeto a disposiciones emanadas de gobiernos extranjeros, y no parece explicable que sigan vinculadas con el país de origen de sus antepasados las generaciones de los colonos nacidas en territorio de su residencia, crecidas y educadas en un medio social distinto, en el que han contraído lazos familiares e intereses y que, de hecho, se han incorporado a una nueva patria de cuya protección disfrutan y cuyos peligros deben correr; de lo contrario se permitiría la intromisión de núcleos aislados, desarticulados legalmente y que constituirían insuperables obstáculos para toda política de integración nacional.[29]

5.5. *Los problemas de uniformidad*

El Código adolece de ciertas incoherencias ideológicas; en algunas disposiciones nos parece retrasado, por haberse conservado doctrinas que debieron desecharse; en otras es tímido por no haberse llegado a las consecuencias íntegras de los principios aceptados, y es relativamente avanzado porque tuvo que desenvolverse sin romper las barreras constitucionales levantadas para amurallar un régimen individualista con sólo unas cuarteaduras por las que se filtra la luz de las nuevas ideas.[30]

6. Recepción y crítica

Según Alfonso Olivares,[31] la Secretaría de Gobernación envió a la Barra Mexicana siete ejemplares del proyecto de Código Civil, el 10 de abril de 1928, por lo que puede inferirse que a esa fecha ya habían concluido los trabajos de la Comisión.

---

[28] *Ibidem*, p. 232.

[29] *Ibidem*, p. 234.

[30] *Ibidem*, p. 238.

[31] Olivares, Alfonso, "El Código Civil próximo a promulgarse", *Excélsior*, 11 de abril de 1928, p. 5.

En ese momento, García Téllez advirtió que:

> [...] el proyecto, defectuoso en la técnica de algunos capítulos, sobre todo del libro de obligaciones, fue más avanzado que el Código en materia de propiedad, posesión, arrendamiento, registro público, etc., y no hubiese sufrido la depuración a que lo sometió la crítica acerba e inteligente de importantes agrupaciones y competentes juristas, si no se hubiese expedido bajo la amenaza de su vigencia inmediata, deliberadamente pretextada por el Gobierno.[32]

De acuerdo con lo anterior, se suscitaron diversos debates en los que participaron la Barra Mexicana, Colegio de Abogados, el secretario de Gobernación, el Colegio de Notarios del Distrito Federal, los autores y, sobre todo, representantes de los grupos sociales que veían afectados sus intereses.

Cabe mencionar que la distribución del proyecto no fue expedita. Sobre el caso de la Barra Mexicana, Narváez escribió:

> Por la Exposición de Motivos del Código sabemos que el proyecto, porque fue proyecto hasta 1932, fecha en que entró en vigor, fue puesto a la consideración de los "interesados"; tal fue el caso de la Barra Mexicana de Abogados, no obstante parece ser que a la Barra llegó primeramente el articulado (justo el día de la promulgación el 25 de marzo de 1928) y mucho tiempo después la Exposición de Motivos (12 de abril del mismo año) por lo que la sesión de la Barra se aplazó hasta el 23 de abril.[33]

En el informe de Paulino Machorro y Narváez sobre el análisis de la Comisión de Reformas Legislativas de la Barra, se lee:

> Antes de concluir manifestaré a Ud. que mucha falta ha hecho a esta Comisión una exposición de motivos de las principales reformas del nuevo Código, porque si su tendencia general puede advertirse, al pretender estudiar un artículo determinado, se necesita la orientación a que él mismo somete los artículos reformados o suprimidos.[34]

---

32 García Téllez, Ignacio, *Motivos, colaboración y concordancias del nuevo Código Civil Mexicano,* México, Porrúa, 1932, p. 14.

33 *El Foro, Revista trimestral de derecho y legislación, órgano de la Barra Mexicana,* t. 9, abril-junio, México, 1928.

34 *Idem.*

Entre los puntos importantes que se discutían entonces, el de la propiedad fue de los más cuestionados por la falta de titulación de muchos inmuebles, lo que dificultaba las transacciones y colocaba a los propietarios en una situación jurídica anormal.

Por su parte, el Colegio de Notarios designó un grupo revisor. El 26 de abril de 1928, los notarios Manuel Borja Soriano, Rafael Rebollar, Manuel Andrade y Daniel García formularon un listado de observaciones:

> Quisiéramos poder hacer un detenido y concienzudo estudio de todo lo que se refiere a la materia contractual y de los actos jurídicos en el proyecto del nuevo Código; pero como, según lo acordado por la asamblea de notarios, debemos desde luego hacer cuando menos las observaciones que sea posible formular en el muy escaso tiempo con que contamos, nos vemos en el caso de sólo referirnos a uno que otro punto del proyecto de nuevo Código. Contando con el tiempo necesario creemos poder llegar aún a formular los textos que deban substituir a los que por la rápida lectura que hemos dado al Código nuevo en materia de obligaciones y contratos habremos de admitir varias de las reformas [...].

En el proyecto de nuevo Código se establece un sistema novedoso en la legislación y cuya esencia se encuentra en las legislaciones alemana, suiza y sistema Torrens.[35]

Sobre la validez y forma de los contratos, comentaron:

> La reforma hecha en el (refiriéndose al Código de 1884), combinada con la hecha en el artículo 1392 y 1276 del nuevo Código, hace ya insostenible, según nuestra humilde opinión, la doctrina frecuentemente sostenida en la práctica de que el contrato celebrado sin las formalidades externas prescritas por la ley da acción para reclamar el cumplimiento del contrato: esta teoría desvirtúa fundamentalmente los preceptos legales, pues no hace sino alargar un poco el camino para obtener la ejecución del contrato y autorizar que se llegue a exigir el cumplimiento de una obligación nula, lo cual es un contrasentido. Creemos que las disposiciones del nuevo Código en esta materia alejan todo peligro e impiden toda discusión.[36]

---

35 Borja Soriano, Manuel *et al.*, "Algunas observaciones al proyecto de nuevo Código Civil que presentan los que suscriben, comisionados por el Consejo de Notarios para estudiar el proyecto", *Excélsior*, 23 de abril de 1928, p. 4.

36 *Idem.*

Sobre la materia sucesoria, en particular, los testamentos ológrafos, suscribieron:

> En cuanto a que el testamento ológrafo se improvise de notario a registrador, nada lo justifica, pues es ley universal la de la división del trabajo, y según ella debe seguirse encomendando la autorización de los actos jurídicos a los notarios y reservarse al registrador la inscripción de los que ameriten su registro [...].
> Como no se trata del interés del notario sino del interés social, sostenemos que el testamento que en el nuevo Código se designa con el nombre de ológrafo debería autorizarse por el notario.[37]

Por último, aclararon:

> Hay que discutir con la debida serenidad y con el tiempo suficiente de preparación las reformas que contiene el nuevo proyecto de Código. No hay razón alguna que justifique el que festinadamente se expida este nuevo cuerpo de leyes. No puede decirse que las reformas que contiene se exijan con ansia por el público. En consecuencia, lo prudente, debido y razonable es que se abra la puerta a la discusión dando oído a todas las objeciones sin que esto quiera decir que cuentas puedan hacerse deban ser acogidas.
> En la actualidad prácticamente gozamos del beneficio incalculable de la unidad del derecho privado gracias a que todos los estados han adoptado el Código Civil para el Distrito Federal. Reformado este, lo probable es que los abogados de cada estado quieran a su vez introducir innovaciones en sus respectivos códigos, produciéndose así la diversidad de preceptos, de los que surgirán los conflictos de Derecho Internacional Privado Interno con sus graves problemas. Este mal se evitará si se llega a federalizar la materia de obligaciones.[38]

Ante la premura, la Barra Mexicana y el Colegio de Notarios, entre otras instituciones, exhortaron a que se suspendiera la publicación. Apoyaron dicha petición enumerando los que, a su juicio, eran los inconvenientes e incongruencias del proyecto y, sobre todo, el poco tiempo que se les había proporcionado para su revisión. Al mismo tiempo, la Cámara de Comercio informó que, al haberse conocido las disposiciones, se habían paralizado los negocios acarreando serias perturbaciones económicas, por lo cual, de promulgarse, la crisis se haría más sensible y podría culminar en pánico, con funestas consecuencias.

---

37 *Idem.*

38 *Idem.*

En especial el Colegio de Notarios, a través de Salvador del Valle, Manuel Borja Soriano, José I. Bandera, Agustín Ruíz Olloqui, Carlos Fernández, Andrés Iturbide Alvírez, Agustín Silva y Valencia, Manuel E. Mercado, Miguel C. Martínez, Emilio Raz Guzmán, Manuel Andrade, Francisco Jiménez Garnica, Francisco Gómez Pérez, Federico Ignacio Velázquez, Luis del Valle Prieto, Julio Ruiz Godoy, Eduardo Chico, Ricardo E. Pérez, Mariano Gavaldón, Juan José Correa

Delgado, Agustín Montes de Oca, Juan B. del Callejo, Bernardo Romero y Eucario Alonso, le envió una carta al presidente Calles solicitándole lo siguiente:

> México, abril 20 de 1928.
> Señor general Plutarco Elías Calles, presidente de la República. Palacio Nacional, México.
> La asamblea general de notarios celebrada hoy acordó dirigirse a usted, como tiene el honor de hacerlo, en forma respetuosa, suplicándole atentamente, se sirva aplazar la promulgación del nuevo Código Civil del Distrito y Territorios, por las razones de orden jurídico que expondrá a usted por escrito a la mayor brevedad; en el concepto de que con esa actitud pretendemos colabora, si se nos permite, en la expedición de dicho código que tanta importancia tienen la vida civil de la sociedad.[39]

El punto más controvertido fue el de la llamada socialización o función social del derecho de propiedad. El periodista Teodoro Torres recogió en su columna esta preocupación:

> La discusión que vienen sosteniendo los técnicos en la materia, sobre la inconveniencia de esos artículos del Código Civil que se refieren a la propiedad, aclara muchos puntos y aporta nuevos datos para rebatir una ley que, en su terreno de acción, parece que está destinada a causar tantas confusiones y desconfianzas como el agrarismo.[40]

La desinformación y exageración siguieron poniendo en duda el proyecto. Francisco Javier Gaxiola presentó un informe en que indicaba que el capítulo de bienes tenía su fuente en el inexistente Código de las

---

39 "El notariado pide al sr. presidente no se promulgue aún el nuevo Código Civil", *Excélsior*, 21 de abril de 1928, p. 1.

40 Torres, Teodoro, "Algo más sobre el nuevo Código Civil", *Excélsior*, 30 de abril de 1928, pp. 5 y 7.

Repúblicas Soviéticas,[41] mientras que Roberto A. Esteva Ruiz dijo que los autores se habían inspirado en "leyes del tiempo del feudalismo".[42] Para descalificarlo, se llegó a afirmar que "uno de los defectos capitales del Código es que está pésimamente redactado y se presta a confusiones".[43] A todo esto se sumaron los titulares de algunas secretarías de Estado, quienes opinaban que la promulgación que estaba programada para el 25 de abril era apresurada.

Las presiones afectaron la decisión del Ejecutivo de publicarlo de inmediato, por lo que logró que se difiriera por 30 días. El secretario de Gobernación, Alberto Tejeda, reprochó tal determinación:

> Las comisiones encargadas de formar los proyectos de reforma a los códigos vigentes, con todo empeño han procurado conocer las autorizadas opiniones de reputados jurisconsultos, de jueces, de tribunales, y de corporaciones científicas integradas por abogados; pero con pena hay que confesar que la inmensa mayoría de esas personas no han dado importancia al llamamiento hecho y no han prestado su colaboración en una obra de altísima trascendencia y que interesa a la colectividad.
>
> Por tanto, la experiencia ha demostrado que nuestro medio, los proyectos de reforma a los códigos no despiertan interés, ni deciden a las personas competentes por su talento, ilustración y experiencia, a discutirlos, aportando de esa suerte su valioso contingente en la difícil empresa de reformar nuestra legislación.
>
> La Secretaría de Relaciones Exteriores ha manifestado que desea que se le conceda un breve plazo para hacer las gestiones correspondientes, [...] en tal virtud, durante ese tiempo, la Comisión Técnica de Gobernación estudiará las reformas que se propongan, las que, de ser aprobadas por el C. Primer Magistrado, se incorporarán al Código, en la inteligencia de que éste se promulgará a más tardar dentro de treinta días y entrará en vigor el 31 de agosto del siguiente.[44]

A pesar del llamado de Tejeda, la ampliación del plazo de discusión fue bien avenida. Teodoro Torres indicó: "El hecho de que el gobierno haya acordado, con un espíritu democrático muy de tenerse en cuenta, una prórroga cuyo objeto es recibir y estudiar todas las objeciones que

---

41 "Otro dictamen del Código Civil fue presentado", *Excélsior*, 25 de abril de 1928, p. 4.

42 "Solicitud general para que no se promulgue el nuevo Código Civil", *Excélsior*, 22 de abril de 1928, p. 1.

43 "La promulgación del tan temido Código Civil fue prorrogada por 30 días", *Excélsior*, 25 de abril de 1928, p. 1.

44 *Idem.*

se le hagan, para reformar, según se dice, aquellas partes que realmente estén en pugna con la justicia".[45]

La Comisión respondió a los cuestionamientos sobre varios artículos referentes a la propiedad, al patrimonio de familia y al contrato de arrendamiento que habían realizado la Unión de Propietarios de la Ciudad de México, la Liga de Defensa de Propietarios de Casas y la de Propietarios de Tacubaya. Además, convocó al diálogo luego de las diversas réplicas, pues estaba convencida de que discutir las posibles equivocaciones y polémicas contribuiría a la consolidación de un mejor ordenamiento. Con ese ánimo se invitó a los afectados a participar en la conformación del texto definitivo, a fin de que resultara una obra colectiva y armónica.

Por lo que se refiere a la nueva visión del derecho de propiedad, las inquietudes fueron desvaneciéndose al momento que el connotado jurista Luis Cabrera —quien dijo conocer la evolución que había tenido esa institución— estuvo de acuerdo con ella, siempre y cuando hubiera respeto por los derechos adquiridos y la justicia.[46]

Del mismo modo en que se respondía a las impugnaciones, muchos señalamientos fueron aceptados. Del libro primero, que constaba de 732 artículos, sólo 30 fueron rebatidos. De esas observaciones se aceptaron 25, en su mayoría de forma y sin afectar el espíritu de los preceptos.

La parte en la que se hicieron modificaciones más sensibles fue en la relativa al libro segundo, referente a los bienes, ya que fue una de las más criticadas por el gremio. Por ejemplo, los artículos que regulaban a los propietarios de hoteles y casas de huéspedes llegaron a ser calificados de disparates por temor a que impidieran el desarrollo del turismo. A esto se respondió que tales preceptos estaban inspirados en las normas de Suiza y Argentina, países eminentemente turísticos y en los que no habían ocasionado ningún contratiempo.

En la revisión se tomaron en cuenta también una serie de estudios elaborados por Manuel Gómez Morín, las observaciones de Borja Soriano y Miguel Salvador Macedo y Boubée y, en particular, la opinión de la Comisión de Reformas Legislativas de la Barra Mexicana. El trabajo de

---

45 *Idem.*

46 "El respeto a los derechos adquiridos", *Excélsior*, 28 de abril de 1928, p. 1.

esta última, según constó en la junta celebrada el 31 de marzo de 1928, se dividió entre Francisco Javier Gaxiola (libro primero), Luis Cabrera (libro segundo), Maximiliano Camiro (libro tercero), Machorro y Narváez e Ismael Palomino (últimos libros), y el Título preliminar quedó en disposición para ser estudiado en conjunto. Otros miembros de la asociación los auxiliaron, como fue el caso de Miguel S. Macedo y Saravia, Ernesto Nieto, Salvador Reynoso, Gabriel García Rojas, Manuel Rueda Magro y Alejandro Quijano, este último como presidente de la Barra.[47]

Las conclusiones del mencionado análisis fueron presentadas el 23 de abril. En ellas, Machorro y Narváez puntualizó:

> Tengo la honra de informar a usted sobre los trabajos de la Comisión de Reformas Legislativas en el estudio del Proyecto de Código Civil para el Distrito Federal y Territorios Federales y para regular ciertas relaciones jurídicas de carácter federal. Habría que establecer con claridad que, habiéndose discutido y aprobado las observaciones en junta plena de subcomisiones, la objeción respectiva en cada caso concreto representa algunas veces, aunque en pocas el sentir de una mayoría y no precisamente la opinión particular de cada uno de los que formaron la Comisión; aunque ciertamente en la generalidad de los casos hubo unanimidad en el criterio de los concurrentes a las sesiones.
> No creo fuera de lugar hacer notar que ni al formular una objeción ni al discutirla en ocasión cualquiera se trató algún asunto en forma que por sus términos o por su estilo relacionara el discurso con opiniones políticas de cualquier género. Siempre reinó un espíritu de elevación científica y un procedimiento técnico de profesionistas preocupados por el progreso de su especialidad en la actividad y en el saber humanos.[48]

La impresión general fue que el presidente Calles no pretendió imponer un punto de vista, sino que dejó a los comisionados en completa libertad para que realizaran un proyecto que respondiera a las necesidades sociales. Por parte de la Secretaría de Gobernación, su vocero indicó que era injustificada la alarma derivada de la promulgación de las reformas, pues ellas no afectaban los intereses legítimamente adquiridos.

Entre el proyecto original de 1928, compuesto por 3045 artículos y nueve transitorios, y que finalmente entró en vigor en 1932 hubo algunos cambios nominales. Después del proceso de estudio y revisión, la

---

47 *Idem.* Aquí se encuentra el detalle de las deliberaciones de este Colegio de Abogados.

48 *Idem.*

versión final quedó conformada por artículos y nueve transitorios. En el proceso se modificaron 2212. Por lo que se refiere a los transitorios, únicamente se cambiaron tres.

7. Promulgación

Una vez atendidas las observaciones, impugnaciones, estudios y modificaciones, la promulgación fue oficializada y constó de cinco fases:

- El 26 de mayo de 1928 se publicó del artículo 1° al 722.
- El 14 de julio del artículo 723 al 1280. Incluía el capítulo de patrimonio de la familia y el segundo libro.
- El 3 de agosto del 1281 al 1791. Incluía el libro tercero.
- El 31 de agosto del artículo 1792 al 3044 y nueve transitorios. Incluía el cuarto libro.
- Las aclaraciones y fe de erratas fueron enmendadas en las ediciones que se publicaron los días 13 de junio y 21 de diciembre.

En los informes presidenciales de Calles correspondientes al periodo 1924-1927 consta la trascendencia que le otorgó al derecho común:

> Los puntos culminantes de las reformas que se pretendieron introducir al Código Civil pudieron condensarse en esta forma: fijar un procedimiento más eficaz para la publicación de las leyes; completarse la teoría de los estatutos; reconocer la personalidad jurídica de los sindicatos, asociaciones profesionales y demás instituciones a que se refiere la fracción X del artículo 123 de la Constitución, así como de las sociedades cooperativas y mutualistas; dar una nueva organización al Registro Civil, poniéndolo bajo la vigilancia del Ministerio Público; organizar la familia de modo que la mujer quede en el mismo plano legal que el hombre; borrar las odiosas diferencias entre las diversas clases de hijos naturales y organizar el patrimonio de la familia sobre bases más amplias que las fijadas por la Ley de Relaciones Familiares.[49]

[49] Elías Calles, Plutarco, *op. cit.*, p. 725.

Al respecto Héctor Cárdenas[50] recordó que el 1° de septiembre de 1927, la Secretaría de Gobernación informó que los proyectos de reformas se encontraban en su etapa final:

> Siguiendo el Ejecutivo su propósito de reformar sobre las bases nuevas y conforme a las orientaciones modernas, toda la Legislación Civil y Penal vigentes en la actualidad en el Distrito y Territorios Federales, la Secretaría de Gobernación por medio de la comisión Técnica respectiva, ha trabajado sin descanso en la redacción de los nuevos Códigos Civil y de Procedimiento Civiles, Penal y de Procedimientos Penales y tengo la satisfacción de manifestar a esta H. Asamblea que si bien no fue posible concluir los proyectos de tales Códigos el día 30 de mayo próximo pasado, fecha en que terminó la prórroga concedida al efecto a ese Ejecutivo,[51] hoy tales proyectos están casi concluidos y revisados y dentro de pocos días se expedirá a las HH. Cámaras la autorización para expedirlos.[52]

Para Calles, el Ejecutivo y la Secretaría de Gobernación, por medio del órgano respectivo, habían trabajado sin descanso en su propósito de reformar toda la legislación sobre bases novedosas y conforme a las orientaciones de la época. Reconoció que la normativa anterior había sido producto de las necesidades económicas y jurídicas de otros tiempos, cuando dominaban la pequeña industria y un exagerado individualismo. En su opinión, la normativa de 1884 ya no era capaz de regir las nuevas necesidades ni las relaciones que, aunque de carácter privado, se hallaban fuertemente influidas por las conquistas cotidianas del principio de solidaridad.

En el último informe de gobierno se expresó que el "Nuevo Código Civil: por órdenes expresas del Ejecutivo, la Secretaría se ha dado cima al laborioso trabajo emprendido con toda fe y constancia, y que se refiere a la reforma casi total del Código Civil del Distrito y Territorios Federales".[53]

---

50 Cárdenas Villarreal, Héctor Manuel, "El Código Civil Federal (origen, fundamento y constitucionalidad)", *Revista Mexicana de Derecho*, núm. 10, 2008, p. 17.

51 Como ya se dijo, el 31 de mayo de 1927 había vencido el plazo concedido por facultades. Ante las nuevas demoras, el 16 de octubre, Calles solicitó que se le concediera una ampliación de un año.

52 Elías Calles, Plutarco, *op. cit.*, p. 770.

53 *Ibidem*, p. 818.

Luego de sintetizar sus motivos, la conclusión sobre la nueva legislación fue la siguiente:

> [...] La reforma del Código Civil era un deber ineludible de la Revolución, pues en tanto que la organización de la familia, el concepto de propiedad y la reglamentación fácil y expedita de las transacciones diarias no se armonizaran con las exigencias de la vida moderna, el antiguo régimen vencido en los campos de batalla seguirá gobernando nuestra sociedad.[54]

8. El Código Civil de 1928 y la Ley de Zipf

Un valioso ejercicio para el estudio del presente ordenamiento es el propuesto por el lingüista estadounidense George Kingsley Zipf, quien elaboró un análisis estadístico para determinar cuáles fueron las palabras más empleadas por James Joyce en la redacción de *Ulises* (1922).

El resultado de aquel estudio sirvió como evidencia para determinar la relación entre el rango de una palabra en un libro (el lugar que ocupa entre las más empleadas) y el número de veces en que se utiliza. Mediante la aplicación de la Ley de Zipf es posible extender el panorama crítico con respecto a las inquietudes recurrentes del instrumento normativo, las de su época y la selección y extensión de su vocabulario teniendo como referente el de un hablante promedio.

Los resultados fueron predecibles, teniendo en cuenta las particularidades sintácticas del idioma: las que ocuparon los primeros sitios fueron adverbios, artículos, conjunciones y preposiciones. Sin embargo, desde el punto de vista jurídico, el mapeo resulta esclarecedor. En lo concerniente a la terminología legal la palabra predominante es *bienes*, que aparece 545 ocasiones, le siguen *juez* (331), *obligación* (291), *contrato* (251), *persona* (241), *matrimonio* (17), *cónyuge* (125) y *testamento* (118).

Este breve resumen enmarca las intenciones del legislador y de los redactores, cuya prioridad en aquel momento era apegarse a la doctrina de la socialización del derecho, según la cual la tutela de las libertades civiles recae en el Estado, cuya ilusión es la de extenderlas y garantizar-

---

54 *Ibidem*, p. 820.

las a todos los individuos que lo conforman. Así lo deja ver el vocabulario hegemónico tanto como el proyecto global.

9. Vacatio legis y entrada en vigor

El presidente intentó que el Código Civil y el de Procedimientos Civiles[55] entraran en vigor al mismo tiempo, sin embargo, esto no fue posible. Cabe señalar que Joel Jiménez García relaciona en sus trabajos una edición oficial del Código, cuyo primer transitorio indica que entraría en vigor el 31 de agosto de 1928.[56] En otra versión publicada por Talleres Gráficos de la Nación de la Secretaría de Gobernación, en 1928, se lee: "Este Código entrará en vigor en la fecha que fije el Ejecutivo [...]". La edición del sello Herrero Hermanos Sucesores trascribe la misma nota que la de Talleres Gráficos y añade una nota del editor en la que se indica que, al momento de acabar su impresión, no se tuvo clara la fecha en que comenzaría a regir, aunque se tenían noticias de que tal fecha estaba prevista para el 1° de enero de 1929, al mismo tiempo que un nuevo Código de Procedimientos Civiles en concordancia. La última fecha coincide con la que apareció en el *Diario Oficial*.

Un año más tarde, el presidente Emilio Portes Gil, en su informe de gobierno del 1° de septiembre de 1929 expresó:

> El Ejecutivo a mi cargo solicitó y obtuvo de este H. Congreso, facultades extraordinarias para la expedición de los Códigos de Procedimientos Civiles, Penal y de Procedimientos Penales, y las leyes reglamentarias que con ellos se relacionan. Estas facultades terminan el día 8 del próximo mes de octubre, y espero que dentro de ellas se expidan las leyes mencionadas.
> El Gobierno de la Revolución que se ha hecho eco del sentir colectivo en sus variados aspectos, ha escuchado ese justo clamor de la falta de justicia, y pugna por una reforma integral de la Legislación Mexicana.
> El señor general Calles con acierto indudable expidió el Código Civil, que natural fue quedara pendiente de vigencia en tanto no se expidiera el Código de Procedi-

[55] La Comisión redactora de este ordenamiento se integró, entre otros, por José Castillo Larrañaga, Rafael Gual Vidal y Fernando Solórzano. Incluso se recabó la opinión de Francesco Cosentini.

[56] Jiménez García, Joel, "Código Civil para el Distrito Federal de 1928", *Revista de Derecho Privado,* nueva época, año 2, núm. 5, mayo-agosto 2003, p. 27.

> mientos Civiles, que al mismo tiempo no podía haber sido estudiado, sino hasta que estuviera concluido el Civil.
> Está por terminarse el proyecto de Código que se menciona y oportunamente se dará a conocer al público para su libre discusión.[57]

Pascual Ortiz Rubio, en su informe de Gobierno del 1º de septiembre de 1930 no hizo mención sobre la entrada en vigor del Código;[58] sino que se limitó a declarar que el de Procedimientos Civiles estaba terminado y que se había dado a conocer al público, así como a las instituciones oficiales y particulares integradas por abogados. En su rendición de cuentas del año siguiente, se refirió por segunda ocasión al de Procedimientos Civiles, que estaba en su revisión final.[59]

Esta demora frustró a los redactores. En 1931 García Téllez declaró lo siguiente:

> Tres años va a cumplir el Código de estar sufriendo la espera de su vigencia. No fue suficiente su triunfo conquistado en buena lid intelectual, ni la eliminación de importantes reformas que no lograron salvarse; aún es muy poderosa la corriente conservadora que se opone a su vigencia y gran parte de la dificultosa gestación del nuevo Código de Procedimientos Civiles a ello obedece, ya que bien comprenden que mientras éste no se concluya aquél no podrá ponerse en vigor.[60]

En conclusión, el ordenamiento civil tardó más de cuatro años para iniciar su vigencia. Dicho retraso, obedeció al deseo de conciliar todos los intereses en pugna y de que la población tuviera el tiempo suficiente de asimilar la trascendental legislación.

Entre julio y septiembre de 1932 se hizo del conocimiento público lo siguiente:

---

57 Portes Gil, Emilio, "Informe presidencial 1 de septiembre de 1931", en *Los presidentes de México ante la nación, informes, manifiestos y documentos de 1821 a 1966*, t. III, México, Imprenta de la Cámara de Diputados, 1966, pp. 887 y 888.

58 *Cfr.* Ortiz Rubio, Pascual, "Informe presidencial 1 de septiembre de 1931", en *Los presidentes de México ante la nación, informes, manifiestos y documentos de 1821 a 1966*, t. III, México, Imprenta de la Cámara de Diputados, 1966, p. 971.

59 *Cfr. Ibidem*, p. 1044.

60 García Téllez, Ignacio, "El nuevo Código Civil…", *op. cit.*, p. 239.

> CUATRO NUEVOS CÓDIGOS VAN A ENTRAR EN VIGOR.
> El presidente de la República tiene que expedirse antes del 1 de agosto.
> Según se sirvió informarnos ayer el Secretario de Gobernación, licenciado Mendoza González, durante los primeros días del mes de agosto próximo deberán ser expedidos, para entrar en vigor, desde luego, los nuevos Códigos que el Ejecutivo Federal ha venido estudiando desde hace tiempo.
> Conforme a las facultades extraordinarias que en materia de Códigos tiene otorgadas el presidente de la República, necesariamente deberá expedir los que estimen convenientes, precisamente antes del 31 de agosto próximo.[61]
>
> DOS CÓDIGOS ENTRARÁN EN VIGOR EN OCTUBRE
> El C. Presidente de la República, en uso de las facultades que le concedió el Congreso de la Unión por Decreto de 31 de diciembre del año pasado, el Ciudadano Presidente de la República ha expedido y promulgado el Código de Procedimientos Civiles para el Distrito y Territorios Federales que comenzará a regir el 1 de octubre del año en curso.
> En la misma fecha entrará en vigor el Código Civil, promulgado el 30 de agosto de 1928, según lo establece el decreto especial expedido por el primer Magistrado de la Nación, en ejercicio de la facultad que le concede el Artículo 1° transitorio de este último ordenamiento.[62]

La anterior nota se fundaba en el decreto publicado el 1° de septiembre en el *Diario Oficial de la Federación*:

> PASCUAL ORTIZ RUBIO, Presidente Constitucional de los Estados Unidos Mexicanos, a sus habitantes, sabed:
> Que en uso de la facultad que me concede el artículo 1° transitorio del Código Civil para el Distrito y Territorios Federales en materia común y para toda la República en materia federal, expedido el 30 de agosto de 1928, en consonancia con las que el H. Congreso de la Unión concedió al propio Ejecutivo de mi cargo, por decreto de 3 de enero de 1928, he tenido a bien expedir el siguiente:
> DECRETO:
> ARTÍCULO ÚNICO. Se reforma el artículo 1° transitorio del Código Civil para el Distrito y Territorios Federales en materia común y para toda la República en materia federal, expedido el 30 de agosto de 1928,[63] que quedará en los siguientes términos:
> ARTÍCULO 1°. Este Código comenzará a regir el 1° de octubre de 1932.

---

[61] *El Universal*, "Cuatro nuevos códigos van a entrar en vigor", *El Universal*, 30 de julio de 1932, p. 1.

[62] *Excélsior*, "Dos códigos entrarán en vigor en octubre", *Excélsior*, 1 de septiembre de 1932, pp. 1 y 7.

[63] Esta es una errata más de todo el proceso. El Código, como ya quedó asentado, no se expidió el 30 de agosto de 1928.

Ese mismo día, la prensa señaló:

> LOS NUEVOS CÓDIGOS REGIRÁN DESDE MAÑANA.
> La Cámara de Diputados no opondrá recurso alguno para que el nuevo Código de Procedimientos Civiles entre en vigor mañana primero de octubre;[64] esta Ley, complementaria del Código Civil expedido durante la Administración del señor general Plutarco Elías Calles empezará a regir, mañana sábado en los términos que señala el artículo transitorio respectivo del propio Código.[65]

García Téllez por fin festejó:

> Con la expedición del nuevo Código Civil, la Revolución cumple una de sus más importantes obligaciones, como era la de preocuparse por la organización del hogar, parcialmente realizada en la importantísima Ley sobre Relaciones Familiares del gran Carranza, y de sacudir la estratificación egoísta de su riqueza con el soplo renovador de las ansias colectivas que piden mayor participación en la felicidad privada, sentido humanitario, sencillez en las fórmulas legales y facilidades en las transacciones económicas.[66]

10. Ámbito federal, territorial y local

Desde el 1° de octubre de 1932 el Código tuvo una competencia triple: local para el Distrito Federal, federal para los asuntos que así lo ameritaban y la aplicable en los territorios federales. Su ámbito especial de validez se modificó conforme fueron desapareciendo estos últimos: el 16 de enero de 1952 el territorio norte de Baja California se convirtió en el estado de Baja California, misma ruta siguieron el territorio sur Baja California y el de Quintana Roo, los cuales se asimilaron como entidades el 8 de octubre de 1974. Desde esta última fecha, su competencia se limitó a los ámbitos local y federal hasta el 25 de mayo de 2000. En ese momento y debido a la reforma que le dio autonomía a la capital, se escindió en dos normas diferentes: una con prevalencia en el Distrito

---

64 Dado que Ortiz Rubio renunció el 1° de septiembre, esto ya ocurrió durante la presidencia de Abelardo L. Rodríguez.

65 *El Universal*, "Los nuevos códigos regirán desde mañana", *El Universal*, 30 de septiembre de 1932, pp. 1 y 8.

66 García Téllez, Ignacio, "El nuevo Código Civil…", *op. cit*, p. 3.

Federal, llamada "Código Civil para el Distrito Federal", y otra en toda la República, denominada "Código Civil Federal"

A propósito de esto, Jorge Alfredo Domínguez comentó:

> La comisión redactora aludió como motivos, que "El Código Civil rige en el Distrito y en los Territorios Federales; pero sus disposiciones obligan a todos los habitantes de la República cuando se aplican como supletorias de leyes federales, en los casos en que la Federación forme parte y cuando expresamente lo manda la ley. En esos casos las disposiciones del Código Civil no tienen carácter local; con toda propiedad puede decirse que están incorporadas, que forman parte de una ley federal y por lo mismo son obligatorias en toda la República. Además, quedaría desvirtuado el propósito de uniformidad buscado por el legislador al declarar de competencia local federal la materia respectiva, si se aplican como supletorias las diversas legislaciones civiles de los 28 estados de la República".[67]

11. Polémica sobre su inconstitucionalidad

El debate que marcó la publicación del Código se extendió a algunos señalamientos de inconstitucionalidad de las facultades que el Congreso otorgó al Ejecutivo y de la manera en que las ejerció. Incluso, antes de que entrara en vigor, los cuestionamientos aumentaron.

El 9 de septiembre de 1932, Alfonso Septién apuntó:

> El Presidente de la República usando de la facultad que el Congreso de la Unión le confirió por decretos de 7 de enero y de 6 de diciembre de 1926 y de 3 de enero de 1928, expidió el 30 de agosto de este último año, el Código Civil para el Distrito y Territorios Federales en materia común y para toda la República en materia federal.
>
> [...] El artículo 1° transitorio del Código establece que entrará en vigor en la fecha que fije el Ejecutivo, por consiguiente, la observancia de esa ley ha estado en suspenso, mientras no se haya señalado el día en que ha de empezar a regir.
>
> En mi concepto, este artículo es nulo por las siguientes razones:
>
> El Presidente de la República recibió facultades para expedir el Código dentro del plazo que venció el 31 de agosto de 1928, según lo prescrito por el artículo único del Decreto dado por el Congreso de la Unión y promulgado con fecha 3 de enero de 1928.
>
> El otorgamiento de estas facultades comprende la muy importante de fijar la fecha en que el Código habría de empezar a regir, por tanto, es forzoso que de esta

---

67 Domínguez Martínez, Jorge Alfredo, *Derecho Civil, Parte General, Personas, Cosas, Negocio Jurídico e Invalidez*, México, Porrúa, 2010, pp. 69 y 70.

se haga uso dentro del plazo señalado por el Congreso, porque si se señala esa fecha con posterioridad al vencimiento del plazo, se hace sin facultades para ello y por lo mismo la ley de que se trata no podrá entrar en vigor, a menos que se otorguen nuevas facultades al Ejecutivo o que el Congreso por sí mismo fije el principio de la vigencia.

[...] En el caso, el Presidente de la República en el decreto de 29 de agosto del año en curso, ha pretendido derivar esa facultad del artículo 10 transitorio del nuevo Código, lo que equivale a otorgar facultades a sí mismo para ejercerlas con posterioridad al vencimiento del plazo señalado por el Congreso.

[...] No es facultad constitucional del Ejecutivo fijar las fechas en que las leyes han de entrar en vigor, sino solo promulgarlas y ejecutarlas, proveyendo en lo administrativo a su exacta observancia, es decir, reglamentándolas si necesario fuere, pero fijar el principio de su vigencia, corresponde al legislador, ya sea al Congreso o al mismo Ejecutivo en los casos de delegación de facultades.

Se ha cometido por tanto, un grave error al redactar el artículo 1° transitorio en la forma en que aparece en el nuevo Código, error que ha tenido la consecuencia de inducir al Presidente de la República a extralimitarse en el uso de las facultades que el Congreso de la Unión le confirió y la de crear una situación delicadísima que urge remediar inmediatamente, porque de lo contrario, el próximo 1° de octubre no será el primer día de la vigencia del nuevo Código, sino uno más de los muchos que ha estado vigente el Código Civil de 1884.

[...] En el proemio de ese decreto, el Presidente de la República expone como fundamento para expedirlo, el primer artículo transitorio del Código y los decretos del Congreso facultando al Ejecutivo para expedir ese ordenamiento.

Respecto al primer fundamento, carece de valor, porque la facultad de legislar no la puede inferir de una disposición emanada del mismo Ejecutivo, ni tampoco de los decretos del Congreso, porque las facultades delegadas en ellos se extinguieron desde el 31 de agosto de 1928.

A estas consideraciones hay que agregar que en el artículo único del referido decreto, se reforma el 1° transitorio del Código, lo que significa llevar a cabo un acto legislativo, para el cual necesariamente tendría el Ejecutivo que haber recibido delegación de facultades, que indudablemente el Congreso no le ha conferido.[68]

El 10 de septiembre de 1932, Belisario Becerra denunció:

Una verdadera lluvia de leyes y decretos ha caído sobre México y tenemos la amenaza de ver pronto en vigor un nuevo Código Civil y otro de Procedimientos Civiles [...] Constitucionalmente, ningún Código ni Decreto expedido con facultades extraordinarias, tiene fuerza legal. El Congreso de la Unión no tiene derecho para investir de facultades extraordinarias a nadie, pues el único caso en que al Ejecutivo de la Unión se le puede investir con tales facultades, es el pre-

68 Septién, Alfonso, "El nuevo Código Civil. No podrá entrar en vigor", *El Universal*, 9 de septiembre de 1932, p. 3.

> visto en el artículo 29 [...] El presidente de la República (tiene la encomienda de) hacer guardar la Constitución y una de las formas de demostrarlo es rehusándose a aceptar facultades extraordinarias, en los casos que la misma Constitución no se lo permita. A quién tocará poner el ejemplo, para que la historia lo recoja, es cuestión que está por verse aún.[69]

Debido a la demanda de amparo, la Suprema Corte resolvió lo siguiente, a mi parecer, sin entrar al estudio de lo que señaló Alfonso Septién:

> CÓDIGO CIVIL PARA EL DISTRITO FEDERAL EN MATERIA COMÚN Y PARA TODA LA REPÚBLICA EN MATERIA FEDERAL. SU EXPEDICIÓN POR EL PRESIDENTE DE LA REPÚBLICA EN EJERCICIO DE FACULTADES EXTRAORDINARIAS ES CONSTITUCIONAL. La expedición por el Presidente de la República, en uso de facultades extraordinarias otorgadas por el Congreso de la Unión, del Código Civil para el Distrito Federal en Materia Común y para toda la República en Materia Federal, no vulnera el principio de división de poderes, pues según ha interpretado esta Suprema Corte, la prohibición contenida en el texto original del artículo 49 entonces vigente, de que se reunieran dos o más poderes en una sola persona o corporación, impedía que uno fuera absorbido orgánicamente por el otro y desapareciera de la estructura del poder, pero no que el Congreso de la Unión transfiriera al Ejecutivo Federal ciertas facultades legislativas como un acto de colaboración entre dos poderes dirigido a salvaguardar la marcha normal y regular de la vida en sociedad; fue hasta el año de mil novecientos treinta y ocho en que se adicionó un párrafo final a dicho precepto, cuando se tornó ilegítima esta práctica inveterada surgida en el siglo pasado, porque el Constituyente dispuso que no podrían delegarse en el Ejecutivo Federal facultades para legislar en casos distintos del de suspensión de garantías individuales, al cual se agregó en el año de mil novecientos cincuenta y uno el relativo al artículo 131 de la misma Ley Suprema.[70]

Se configuró la jurisprudencia con las siguientes resoluciones:

- Amparo en revisión 6967/87. Claudio Ignacio Andrade Torres. 2 de junio de 1988. Unanimidad de diecinueve votos. Ponente: Francisco H. Pavón Vasconcelos. Secretaria: María Eugenia Martínez Cardiel.

---

[69] Becerra, Belisario, "La expedición de leyes sin facultades constitucionales", *El Universal*, 10 de septiembre de 1932, p. 3.

[70] Suprema Corte de Justicia de la Nación, P./J. 12/93, *Gaceta de la Suprema Corte de Justicia*, octava época, pleno, 71, noviembre 1993, p. 10.

- Amparo directo en revisión 390/89. Jesús Lazcano Ramos. 12 de septiembre de 1990. Unanimidad de diecinueve votos. Ponente: Juan Díaz Romero. Secretario: José Luis Rodríguez Santillán.
- Amparo directo en revisión 2540/89. Graciela Limón de Torres. 23 de enero de 1991. Unanimidad de dieciocho votos. Ponente: Ulises Schmill Ordóñez. Secretaria: Martha Moyao Núñez.
- Amparo directo en revisión 3887/90. Martha Guadalupe Ávalos Viuda de Rocha. 19 de junio de 1991. Unanimidad de diecinueve votos. Ponente: Juan Díaz Romero. Secretaria: Adriana Campuzano de Ortiz.

Definiéndose con la resolución del amparo directo en revisión 713/92, de 9 de septiembre de 1993, interpuesto por Tonatiuh Rodríguez Vega y resuelto por unanimidad de veinte votos:

> Tercero. La recurrente manifiesta en sus agravios que el criterio sostenido por el Tribunal Colegiado de Circuito sobre la constitucionalidad del Código Civil para el Distrito Federal en Materia Común y para toda la República en Materia Federal, se aparta de lo dispuesto en los artículos 1°, 14, 16, 103, 107 y 133 de la Ley Fundamental, en relación con el numeral 49 del propio ordenamiento, toda vez que este último precepto, ni en su texto original ni en sus reformas, ha dispuesto que el Congreso de la Unión pueda delegar sus facultades legislativas en favor del Ejecutivo Federal.
>
> Que, en este sentido, la expedición del código citado por el presidente de la República supone la reunión en un solo individuo de dos de los Poderes Supremos de la Unión, sin que pueda aducirse en contra de esta consideración, que se trata de un acto de colaboración del Ejecutivo con el Legislativo o de una costumbre, pues ninguna de tales circunstancias bastaría para remediar el vicio de inconstitucionalidad apuntado [...]
>
> Resultan infundados tales agravios, pues este Tribunal Pleno coincide con el criterio sustentado en la sentencia recurrida, por las razones que en la misma se exponen [...].
>
> Se ha sostenido, en esencia, que la constitucionalidad de la expedición del código de mérito no ha de examinarse a la luz del texto actual del artículo 49 constitucional, que efectivamente prohíbe la delegación de facultades legislativas del Congreso de la Unión en favor del presidente de la República en casos distintos de los previstos en los artículos 29 y 131 constitucionales, sino del texto original del citado precepto, vigente en el año de mil novecientos veintiocho, el cual sólo prohibía la fusión orgánica de dos o más poderes en una sola persona o corporación, de modo que alguno de ellos desapareciera de la estructura del poder, pero no la transferencia de ciertas facultades de tipo legislativo en determinada materia o ramo, tales como las que se concedieron al presidente de la República a través de los decretos de delegación cuestionados en la especie.

> Esta conclusión se ha apoyado, como se señala en la sentencia recurrida, en los diversos criterios sentados por este Alto Tribunal en las tesis citadas por el a quo, las que resultan exactamente aplicables al caso pues se formularon precisamente al analizarse los decretos por los cuales se concedieron facultades extraordinarias para legislar al Ejecutivo Federal, y en las siguientes que por su interés se transcriben a continuación:
> Facultades extraordinarias. Las facultades extraordinarias que concede el poder Legislativo al jefe del Ejecutivo para legislar limitativamente Y en determinado ramo, no son anticonstitucionales, porque esta delegación se considera como una cooperación o auxilio de un poder a otro, y no como una abdicación de sus funciones, de parte del Poder Legislativo.
> Facultades extraordinarias al Ejecutivo. La delegación de facultades de un poder a otro, o sea del Legislativo al Ejecutivo, no es anticonstitucional, de acuerdo con la jurisprudencia de la Corte, porque no significa más que una cooperación del Poder Ejecutivo al Legislativo, máxime si esa facultad se da durante el periodo de sesiones ordinarias de la Cámara de Diputados y, por tanto, no significa que se haga abandono total de las funciones legislativas, en otro poder.
> Facultades extraordinarias. Las facultades para legislar en determinado ramo, otorgadas al Ejecutivo, no son contrarias a la separación de poderes establecida por la Constitución, pues tal hecho no puede interpretarse como la reunión de dos poderes en uno, ya que no pasan al Ejecutivo todas las atribuciones del Legislativo, y sólo es una cooperación o auxilio de un poder a otro.
> En este orden de ideas, carece de razón la quejosa al afirmar que la transferencia de ciertas facultades legislativas de un poder a otro contrariaba el texto original del artículo 49 constitucional, pues de lo anterior se desprende que dicho acto era legítimo porque el Constituyente de 1917 no tuvo el propósito de prohibir esta práctica inveterada desarrollada en el siglo pasado, por virtud de la cual un poder colaboraba con otro para salvaguardar la marcha normal y regular de la vida en sociedad, como sí ocurrió en cambio a partir de la reforma a dicho precepto producida por el Constituyente Permanente en el año de mil novecientos treinta ocho a la que se refiere el Tribunal Colegiado en la resolución que se revisa.[71]

Además de las dos causales de inconstitucionalidad ya mencionadas, Héctor Cárdenas aduce una más:

> Consideramos que las facultades del presidente no eran suficientes para expedir un nuevo Código Civil, sino únicamente reformarlo.
> Fundamos nuestra opinión en los textos que producen los debates sostenidos en ambas cámaras.

---

71 Suprema Corte de Justicia de la Nación, *Semanario de la Suprema Corte de Justicia de la Nación*, t. 12, noviembre de 1993, p. 5.

> En la Cámara de Diputados, en la sesión del 10 de diciembre de 1925, se indicó cuál era el alcance de las facultades extraordinarias, en los términos que se desprenden de las transcripciones de las mismas [...].
> Pero observamos que la Legislación del orden común del Distrito Federal y Territorios no ha sido ***modificada***, y está de acuerdo aún con las teorías que inspiraba la Constitución de 1857 [...] Anunciaremos someramente algunas de las razones que en nuestro concepto existen para que sean modificados los códigos. En el Código Civil urge ***reformar*** [...] Por lo expuesto. Someteremos a la consideración de vuestra honorabilidad el siguiente proyecto de decreto: "Artículo único. Se faculta al Poder Ejecutivo de la Unión para expedir las ***reformas*** al Código Civil" [...].[72]

Sobre este último aspecto es necesario puntualizar que, si bien no se autorizó expresamente que el Ejecutivo podía abrogar y expedir un nuevo Código, los términos "reformar" y "modificar" tenían connotaciones distintas a principios del siglo XX que en la actualidad. Un ejemplo paradigmático de esta afirmación es la Constitución de 1917, que se redactó bajo el rubro de "reformas" a la de 1857. Además, Rodolfo Batiza demuestra que los cambios del Código de 1928 respecto de las leyes que le antecedieron no abarcaron ni la mitad de los numerales:

> El Código Civil de 1884 y la Ley sobre Relaciones Familiares de 1917, representan la proporción principal, aquél con algo más de 2000 artículos y ésta con unos 435. Si se considera que la mayoría de los artículos de dicha ley proviene del Código de 84, y que algunos de los clasificados como "nuevos" reconocen el mismo origen, resulta que el Código anterior subsiste en el actual (integrado por 3044 artículos) en más de las dos terceras partes de éste.[73]

Para concluir, y sin obviar el análisis jurídico, es necesario tener en cuenta las fuentes reales que derivaron en la creación del Código Civil de 1928. Un país en reconstrucción después de una intensa guerra civil, un Congreso incapaz de dictar las leyes que necesitaba para su modernización y un Ejecutivo fuerte que comenzaba a gobernar como un caudillo.

---

72 Cárdenas Villareal, Héctor Manuel, *op. cit.*, p. 15.

73 Batiza, Rodolfo, *Las fuentes del Código Civil de 1928. Introducción, notas y textos de sus fuentes originales no reguladas*, México, Porrúa, 1979, p. 13.

C. Reformas al Código Civil de 1928

Del 1° de octubre de 1932 (fecha de su entrada en vigor) hasta el 2000 sufrió 39 reformas:

1. 31 de marzo de 1938

Se modificó el artículo 390 con el objeto de reducir de 40 a 30 años la edad mínima para poder adoptar. Tratándose de adopción de un mayor de edad y partiendo de la base de que la mayoría de edad a esa fecha y hasta el 31 de enero de 1970, era de 21 años según lo disponía el 646, y que el adoptante, en este caso, debía tener cuando menos 17 años más que el adoptado, la edad mínima que debía tener para poder adoptar era de 38 años.

2. 20 de enero de 1940

Cambió el artículo 1915 relativo a la reparación de daño, con la finalidad de adicionar cinco fracciones tendientes a establecer las reglas aplicables a la determinación del monto de la indemnización cuando el daño causado produzca muerte o incapacidad total, parcial o temporal. Es de advertir que dicha reforma fue objeto de una aclaración publicada en el *Diario Oficial,* el 30 de abril de 1940, cuya finalidad fue sustituir la expresión "sea posible" por "sea imposible".

3. 23 de febrero de 1946

Por disposición del artículo décimo cuarto transitorio se modificaron los artículos 1777 (forma de la partición de herencia), 2033 (forma de la cesión de derechos de crédito), 2316, 2317, 2320 (forma de la compraventa) y 2917 (forma de la hipoteca), en adecuación al artículo 54 de la Ley del Notariado para el Distrito Federal y Territorios. Esta disposición estableció que "en las enajenaciones de bienes inmuebles cuyo valor convencional fuera mayor a $500.00 y en la constitución o transmisión de derechos reales estimados en más de $500.00 o que garantizaran un crédito mayor a dicho monto para su validez debían constar en escritura". Es necesario precisar que, a pesar de lo dispuesto, el 2316 conservó su redacción original.

4. 14 de enero de 1948

Con motivo de la publicación de la Ley Federal sobre el Derecho de Autor, se derogó el título Octavo del libro segundo.

5. 27 de febrero de 1951

Se modificó el numeral 730 relativo al valor máximo al que podía ascender el patrimonio de la familia, antes de la reforma ascendía a: $6,000.00 para la municipalidad de México; $3,000.00 para el resto del entonces Distrito Federal y para el Distrito Norte de Baja California; y, $1,000.00 para el Distrito Sur de Baja California y territorio de Quintana Roo; para quedar en $25,000.00, moneda nacional.

6. 18 de enero de 1952

Esta reforma estaba sujeta a la condición suspensiva de que se publicará y entrará en vigor un nuevo reglamento para el Registro Público de la Propiedad para el Distrito Federal. Al no ocurrir esto, este decreto jamás entró en vigor. Sólo para efectos de recopilación se menciona lo que iba a modificarse:

- Testamento público ológrafo: los artículos 1550, 1553, 1554, 1556 a 1560 y 1564 y 1596, con objeto de dejar de depositarlo en el Registro Público de la Propiedad en la sección correspondiente, para posteriormente hacerlo en el Archivo General de Notarías. Se estableció que en caso de no estar depositado en dicho archivo no produciría efecto legal alguno.
- Compraventa en abonos de bienes muebles: se eliminaron las referencias a automóviles, motores, pianos, máquinas de coser u

otros, para establecer simplemente que debían ser susceptibles de identificarse de manera indubitable. Tratándose de bienes muebles que no sean susceptibles de identificarse de manera indubitable fue establecido que serían aplicables las reglas del reglamento, sin especificar cuál.

- Compraventa con reserva de dominio: se incluyó la obligación de anotar la reserva de dominio al margen de la inscripción de propiedad del vendedor "únicamente tratándose de bienes inmuebles".
- Fianza: se fusionaron los párrafos primero y segundo del 2852 y en el 2853 se modificó la referencia nota marginal por anotación preventiva.
- Prenda: Se estableció que cuando la prenda quedara en poder del deudor, siempre y cuando se tratará de bienes que fueran susceptibles de identificarse de manera indubitable y conforme al Reglamento del Registro Público de la Propiedad del Distrito Federal, posteriormente publicado el 15 de diciembre de ese mismo año, y según su primer transitorio entraría en vigor el 1° de junio de 1953.

7. 9 de enero de 1954

Cambiaron diversas disposiciones relativas al domicilio conyugal, trabajo de la mujer y hombre casados, reconocimiento de hijo de la mujer casada, patria potestad y tutela:

- Se hizo extensivo al hombre el beneficio conferido por la ley a la mujer de ser eximido de vivir junto a su cónyuge cuando ésta se traslade al extranjero (a no ser que lo haga en servicio público o social) o se estableciera en un lugar insalubre o indecoroso.
- Se previó que cualquiera de los cónyuges pudiera oponerse a que uno u otro se dedicase a ejercer alguna profesión, oficio, industria o comercio, además de los casos ya previstos en el Código, cuando se dañe a la moral de la familia o estructura de ésta.
- Se derogaron las fracciones III a VI del numeral 282 y se reformó su fracción segunda, dejando como únicas medidas provisionales

al admitirse la demanda de divorcio proceder por cuanto a depósito o separación de los cónyuges.

- Se abrió la posibilidad de que la mujer pudiera reconocer hijos sin consentimiento del marido.
- Se incluyó la posibilidad de nombrar por mutuo acuerdo un administrador de los bienes del hijo sujeto a la patria potestad.
- Se hizo extensiva la tutela a ambos padres de sus hijos solteros o viudos, cuando estos tengan hijos que puedan desempeñarla.

8. 15 de diciembre de 1954

Se modificó íntegramente el artículo 951 referente a la propiedad de los pisos, departamentos, viviendas o locales comerciales de un edificio para el caso de que perteneciera a varias personas. Fue motivo de esta reforma la publicación de la ley de la materia. Fe de erratas (DOF 11-01-1955)

Xavier Arredondo Galván comenta:

> En esta reforma legal, se acepta la teoría dualista del francés Charles Julliot, que sostiene que en el condominio hay una nueva forma de propiedad que consiste en la concurrencia simultánea de dos derechos reales, uno principal de propiedad individual y exclusiva sobre una unidad habitacional o de otro uso y otro, accesorio e inseparable del primero, representado por un indiviso sobre los elementos comunes del inmueble. Esta teoría se aceptó sin mayor discusión y se impuso paulatinamente en todas las legislaciones de la materia de las demás entidades federativas del país.[74]

9. 31 de diciembre de 1954

Se modificó el numeral 730 con el objeto de establecer que el valor máximo al que podían ascender los bienes afectos al patrimonio de la familia sería de $50, 000.00.

---

74 Arredondo Galván, Francisco Xavier, "El nuevo régimen jurídico del condominio", *Revista de Derecho Notarial Mexicano*, núm. 117, t. I, 2002, p. 97.

10. 30 de diciembre de 1966

Cambiaron los numerales 2317, 2320 y 2917, y en consecuencia los montos de referencia para determinar los casos en los que la compraventa e hipoteca de bienes inmuebles debía constar en escritura. Cuando el valor convencional fuera menor de $500.00 podían constar en documento privado, si superaban ese monto debían constar en escritura y tratándose de terrenos o casas para la constitución del patrimonio familiar podrían constar en documento privado siempre y cuando no excedieran de $80,000.00, sin necesidad de testigos ni de ratificación de firmas.[75]

11. 17 de diciembre de 1970

Fueron modificados los artículos del 77 al 79, 363, 368, 390, 391, 397 fracción III, 398, 403, 405 fracción I y 406 fracciones I y II, en materia de reconocimiento de hijos y adopción:

- En materia de reconocimiento de hijos se eliminó del artículo 77 la expresión "dentro del término de la ley para que se registre su nacimiento".
- En artículo 78 se eliminaron los requisitos que se debían observar cuando el reconocimiento del hijo se hacía después de haber sido registrado el nacimiento, cuando se trataba de reconocimiento de mayor de edad y menor de edad mayor de 14 años y menor de 14 años.

---

[75] Un análisis de esta reforma arroja incoherencias: Por disposición del décimo cuarto transitorio del decreto de 23 de febrero de 1946 se ordenó la adecuación de entre otros, los artículos 2317, 2320 y 2917, al artículo 54 de la Ley del Notariado para el Distrito Federal y Territorios (véase tercera reforma al Código Civil), en otras palabras, esta reforma sólo vino a reiterar una regla ya existente. Asimismo, por lo que se refiere a enajenación o hipoteca de bienes afectos al patrimonio de la familia a esa fecha el valor máximo al que podía ascender era la cantidad de $50,000.00 ¿debemos interpretar que por disposición del segundo transitorio de esa reforma se derogan las disposiciones contrarias y por lo tanto el valor de los bienes al que podía ascender el patrimonio de la familia a esa fecha era el de $80,000.00?

- Se modificó el artículo 79 (antes 78 fracción I) para establecer que en caso de reconocer a un hijo natural mayor de edad se necesitaba su consentimiento.
- Se previó la posibilidad de anular el reconocimiento de hijo hecho por un menor si se comprobaba que había un error.
- Se faculta al Ministerio Público para efectuar la acción contradictoria del reconocimiento de hijo de un menor de edad.
- Se concedió el mismo derecho al progenitor que reclamare para sí el carácter de padre con exclusión de quien hubiere hecho el reconocimiento indebidamente o sólo para efectos de exclusión.
- Desapareció la posibilidad de impugnar el reconocimiento de hijo hecho en testamento, antes de esta reforma los herederos podían hacerlo dentro del año siguiente a la muerte del testador.
- Se facultó a los cónyuges para poder adoptar cuando sólo uno de ellos cumplía con el requisito de edad y cuando estuvieren conformes en considerar al adoptado como hijo.
- Se incluyó la posibilidad que el adoptante pudiera dar su nombre y apellidos al adoptado.
- Se eliminó la posibilidad de que el presidente municipal del lugar en donde residiera el futuro adoptado supliere el consentimiento para el reconocimiento de hijo realizado por menores de edad, que debían otorgar el tutor o el Ministerio Público, cuando estos se negaran a darlo por causa justificada.
- En caso de revocación de la adopción, cuando el adoptado fuere menor de edad debía oírse a las personas que prestaron su consentimiento, y a falta de estas al representante del Ministerio Público o al Consejo de Tutelas.
- Se reformaron los supuestos en los cuales debía considerarse ingrato al adoptado, con el objeto de establecer que estaría en tal condición si cometía "delito intencional" contra la persona, la honra o los bienes del adoptante, de su cónyuge, ascendientes o descendientes, o si formulaba denuncia o querella por algún delito, aunque se probara, a no ser que hubiere sido cometido en contra suya, de su cónyuge, de sus ascendientes o descendientes.

12. 17 de enero de 1971

Mutó la fracción VIII del 511 para hacer extensiva a los varones, como causa de excusa para ser tutor, la inexperiencia en los negocios o que, por criterio del juez, no se les considerara aptos para el cargo. Dejaron de ser causas de excusa la falta de ilustración y la timidez.

13. 28 de enero de 1971

Se modificó el artículo 646 a fin de establecer que la mayoría de edad comenzaría a los 18 años y no a los 21. Como consecuencia de ello, varias disposiciones relativas a la emancipación sufrieron cambios (149, 237, fracción II; 348, fracciones I y II; 438; 443, fracción II; 451, 624, 641, 643 y 646). Esta reforma se llevó a cabo para lograr la concordancia entre el Código y la Constitución.

14. 24 de marzo de 1971

En adecuación a la Ley Orgánica de Tribunales de Justicia del Fuero Común del Distrito y Territorios Federales, se reformaron los artículos 44, 52, 105, 107, 108, 150, 167, 291, 323, 371, 380, 381, 454, 459, 460, 468, 496, 497, 500, 501, 522, 540, 544, 546 y 632, sustituyéndose todas las referencias a juez de primera instancia por las de "juez de lo familiar".

15. 4 de enero de 1973

Cambió el numeral 951 relativo a la propiedad de los pisos y departamentos.

16. 14 de marzo de 1973

Se modificaron los numerarios 35, 36, 37, 38, 41, 42, 46 a 49, 50, 52 a 55, 57, 58, 61, 63, 65, 69, 71, 72, 74, 76, 83, 84, 88, 89, 93, 97, 99, 100 a 103, 105, 107, 108, 110 a 114, 117, 118, 120 a 122, 1126 a 128, 131 a 133,

138, 148, 151, 153, 241, 250, 252, 272, 291, 369, 371, 401, 410, 460 y 631, sustituyéndose las referencias a oficial del Registro Civil por la de jueces del Registro Civil.

El Código Civil de 1928, en lo que se refiere a este punto, se distinguió de los ordenamientos anteriores al denominar a los funcionarios de la institución, como oficiales del Registro Civil. No obstante, la Cámara de Diputados del H. Congreso de la Unión, aprobó, en 1973, una iniciativa de reforma a diversos artículos del Código Civil que retomó la antigua denominación de jueces del Registro Civil para calificar como tales a los responsables de la inscripción de los actos del estado civil de las personas.[76]

17. 28 de diciembre de 1973

Se modificó el numeral 3018 y se implantó el segundo aviso preventivo (en materia local hoy aviso de otorgamiento).

En el *Diario de los Debates* consta lo siguiente:

> Previamente a la expedición de un nuevo Reglamento del Registro Público procede la reforma del artículo 3018 del Código Civil para el Distrito y Territorios federales, en Materia Común, y para toda la República en Materia Federal, a fin de incorporar una de las modificaciones que serían objeto de reglamentación para dar mayor seguridad a las operaciones que se realicen con bienes raíces o en relación con cualquier derecho real sobre los mismos o que sin serlo sea inscribible, a fin de que el notario o la autoridad ante quien vaya a otorgarse una escritura en que se declare, reconozca, adquiera, transmita, modifique, limite, grave o extinga la propiedad o posesión originaria de bienes raíces o de cualquier derecho inscribible, dé al Registro un primer aviso preventivo sobre la operación de que se trate, al solicitar certificado sobre la existencia de la inscripción en favor del titular registral y sobre los gravámenes que reporte el inmueble o derecho o la libertad de los mismos. El registrador aceptará este primer aviso preventivo, que tendrá una vigencia de treinta días y una vez firmada la escritura el notario o autoridad ante quien se haya otorgado dará un segundo aviso preventivo, el cual, si estuviese dentro del término señalado de treinta días, retrotraerá sus efectos a

[76] Secretaría de Gobernación, *El Registro Civil en México, Antecedentes Histórico Legislativos, Aspectos Jurídicos Doctrinarios,* México, Secretaría de Gobernación, Dirección General del Registro Nacional de Población de Identificación Personal, 1981, p. 79.

la fecha de presentación del primero. Si se diere después de ese plazo sólo surtirá efectos desde la fecha y hora de su presentación.
De esta forma, se cierra la posibilidad de defraudación o engaño al adquirente, ya que durante la elaboración de la escritura y la obtención de certificados de inscripción, gravámenes y demás documentos que se requieren en estos casos, los embargos, enajenaciones o cualquiera otra forma de modificación de los derechos derivados del Registro resulta imposible, ya que las inscripciones que se hagan de estos embargos, gravámenes u operaciones, tomarán la prelación que le corresponda, conforme a la oportunidad de los avisos preventivos.

Y se añadió:

Previamente a la expedición de un nuevo Reglamento del Registro Público procede la reforma del artículo 3018 del Código Civil para el Distrito y Territorios federales, en Materia Común, y para toda la República en Materia Federal, a fin de incorporar una de las modificaciones que serían objeto de reglamentación para dar mayor seguridad a las operaciones que se realicen con bienes raíces o en relación con cualquier derecho real sobre los mismos o que sin serlo sea inscribible, a fin de que el notario o la autoridad ante quien vaya a otorgarse una escritura en que se declare, reconozca, adquiera, transmita, modifique, limite, grave o extinga la propiedad o posesión originaria de bienes raíces o de cualquier derecho inscribible, dé al Registro un primer aviso preventivo sobre la operación de que se trate, al solicitar certificado sobre la existencia de la inscripción en favor del titular registral y sobre los gravámenes que reporte el inmueble o derecho o la libertad de los mismos. El registrador aceptará este primer aviso preventivo, que tendrá una vigencia de treinta días y una vez firmada la escritura el notario o autoridad ante quien se haya otorgado dará un segundo aviso preventivo, el cual, si estuviese dentro del término señalado de treinta días, retrotraerá sus efectos a la fecha de presentación del primero. Si se diere después de ese plazo sólo surtirá efectos desde la fecha y hora de su presentación.
De esta forma, se cierra la posibilidad de defraudación o engaño al adquirente, ya que durante la elaboración de la escritura y la obtención de certificados de inscripción, gravámenes y demás documentos que se requieren en estos casos, los embargos, enajenaciones o cualquiera otra forma de modificación de los derechos derivados del Registro resulta imposible, ya que las inscripciones que se hagan de estos embargos, gravámenes u operaciones, tomarán la prelación que le corresponda, conforme a la oportunidad de los avisos preventivos.

La inscripción del testimonio respectivo surtirá efecto contra tercero desde la fecha del asiento de presentación del primer aviso preventivo si se cumple con los plazos que al efecto se señalan.[77]

---

[77] *Diario de Debates*, Legislatura XLIX, año I, periodo ordinario, 11 de diciembre de 1973, núm. de Diario 45.

18. 23 de diciembre de 1974

En concordancia con la reforma del artículo 43 y demás relativos de la Constitución Política de los Estados Unidos Mexicanos, y la consecuente desaparición de los últimos territorios federales, se modificó su denominación para quedar como "Código Civil para el Distrito Federal en Materia Común, y para toda la República en materia federal", restringiéndose su ámbito espacial de validez (artículos 1°, 14 a 16, 33, 35, 38, 51, 53, 148, 151, 545, 631, 728, 730, 735 fracción I, 786, 1148, 1167 fracciones V y VI, 1313, 1328, 1593, 1594, 1596, 2736, 2773, y 3005 fracción I).

19. 31 de diciembre de 1974

Se propuso equilibrar los derechos y obligaciones del hombre y la mujer, entre otros, en los siguientes rubros:

- Elegir libremente sobre el número y espaciamiento de los hijos. Se estableció que en caso de matrimonio esta responsabilidad recaería en ambos cónyuges.
- Se hizo extensiva a la mujer la obligación de contribuir al sostenimiento del hogar, a sus alimentos, y al de sus hijos.
- Se hizo recíproco el derecho preferente sobre los ingresos y bienes de quien tuviera a su cargo el sostenimiento de la familia.
- Se les concedió igual autoridad y consideraciones en el hogar.
- Ambos consortes requerían autorización para contratar entre sí, excepto en el caso de contrato de mandato. También la requerían para constituirse como fiadores y obligados solidarios con terceros.
- Al declararse el divorcio, quedó a cargo de ambos la obligación de contribuir en proporción de sus bienes e ingresos a las necesidades, subsistencia y educación de los hijos hasta que cumplan la mayoría de edad.
- Se equilibró la obligación de proporcionar alimentos.

- Se facultó a los cónyuges para reconocer hijos sin consentimiento del otro, pero se hizo necesario el consentimiento de ambos para llevar al adoptado a la morada conyugal.
- A falta de tutor testamentario y legítimo, quedó establecido que serían llamados los abuelos, hermanos y demás colaterales del incapacitado, sin expresar si habría primacía de los paternos o maternos.
- Se modificó la obligación del testador de dejar alimentos a sus descendientes sin distinguir si se trataba de mujer o varón.

Ramón Sánchez Medal expone:

> Ninguna exposición de motivos procedió a la publicación de este Decreto y la precipitación obedecía a que ya estaba a la puerta el año 1975, el Año Internacional de la Mujer, cuya celebración mundial tendría como sede la Ciudad de México, y para el cual la Asamblea General de las Naciones Unidas había recomendado a los Estados-miembros, en lo tocante al Derecho Civil, el contenido del artículo 6 de la Declaración sobre la Eliminación de la Discriminación contra la mujer.[78]

20. 22 de diciembre de 1975

El artículo 1915 relativo a la reparación del daño producto de responsabilidad objetiva se transformó a fin de cambiar la forma en que se determinaría la indemnización. También se dispuso que los créditos por indemnización en el caso de que la víctima sea asalariada fueran intransferibles y se debían ser cubiertos en una sola exhibición, salvo pacto en contrario.

21. 30 de diciembre de 1975

Se adicionó un segundo párrafo al numeral 58 a efecto de disponer que en los casos de los artículos 60 y 77, el juez del Registro Civil tenía que poner el apellido paterno de los progenitores o los dos apellidos de

---

[78] Sánchez Medal, Ramón, *Los grandes cambios en el Derecho de Familia en México*, México, Porrúa, 1991, p. 52.

quien efectuara el reconocimiento. Se modificó el derecho del reconocido a llevar el apellido de quien lo reconozca haciéndolo extensivo a los apellidos paternos de quienes lo reconozcan.

22. 29 de junio de 1976

Se cambió el artículo 730 para incrementar el monto al cual podían ascender los bienes que integraran el patrimonio de la familia, para quedar en el equivalente a 3,650 veces el salario mínimo general diario vigente en el Distrito Federal, en consecuencia, se modificaron los numerales 2317 y 2917, previendo que siempre y cuando no se rebasara tal valor podían constar en documento privado.

23. 29 de diciembre de 1976

El numeral 76 dispuso que en los casos en que en un mismo parto ocurra más de un nacimiento se puede expedir un acta de nacimiento por cada uno de los menores, siempre y cuando se asentaran las particularidades que los distingan y el orden de su nacimiento.

24. 3 de enero de 1979

Fue una de las reformas más importantes en materia registral, principalmente porque trajo consigo las siguientes innovaciones:

- Dio fin al obsoleto sistema de libros para implantar el de folio real, el folio de personas morales y el folio de bienes muebles.
- El depósito del testamento ológrafo cambió de la sección correspondiente del Registro Público de la Propiedad al Archivo General de Notarías, y en consecuencia se modificaron todas las referencias y disposiciones relativas a la materia existentes en el Código Civil.
- Se creó el Boletín registral.
- Se instauró un procedimiento de inmatriculación administrativa.

También se reformaron varias disposiciones tocantes al Registro Civil, venta en abonos y fianza, en los dos últimos en adecuación a la materia registral.[79]

25. 31 de diciembre de 1982

Se alteraron los artículos 1916 y 2116 y se adicionó el 1916 bis, concernientes a la responsabilidad derivada del daño moral, su reparación[80] y las reglas que debía tomar el juez para determinar el monto de la indemnización, entre otros.

Previó una regla especial para el caso del deterioro de una cosa, en el supuesto de que se acreditara que el responsable la destruyó o deterioró con el objetivo de lastimar los sentimientos o afectos de dueño; y que al fijar su valor se debía estar a lo dispuesto por el numeral 1916.

Esta reforma generó un fuerte debate, ya que se argumentó que se limitaba la libertad de prensa, de ahí que se especifican que el pago del daño no sería aplicable para quien ejerciera su derecho a la opinión o a la crítica, siempre que lo hiciera con apego a la Constitución.

26. 27 de diciembre de 1983

Se adiciona el numerario 17 (lesión) para añadir como derechos del perjudicado la acción de nulidad o la reducción equitativa de la obligación más el pago de daños y perjuicios.

---

79 Es de advertir que como consecuencia se adicionaron al Código Civil los apartados concernientes a los efectos de las inscripciones, del sistema registral, el capítulo IV del registro de operaciones sobre bienes muebles y el V del Registro de Personas Morales, por lo que el Código aumentó de 3044 a 3074 artículos.

80 Se previó que sería intransferible *inter vivos*.

También se reformaron otras disposiciones:

- Se precisó lo que debía entenderse por domicilio conyugal.
- Se adicionó el artículo 172 a efecto de disponer que también se requeriría autorización para el efectuar actos de dominio sobre bienes comunes.
- Se añadió como causa de terminación de la sociedad conyugal el acto de que el socio administrador realice una cesión de bienes "pertenecientes a la sociedad conyugal" a sus acreedores, sin consentimiento expreso de su cónyuge.
- Se establecieron reglas para la administración de los bienes comunes.
- Desapareció el derecho de los cónyuges a percibir una retribución en el caso de que alguno se encargará de la administración de los bienes del otro, por causa o impedimento no originado por enfermedad.
- Tratándose de donaciones entre consortes desapareció la necesidad de su confirmación por muerte de donante.
- En materia de divorcio, se reformaron las fracciones VII y XII del artículo 267. Como consecuencia, en la primera se haría referencia a "enajenación mental incurable" y en la segunda "negativa injustificada de cumplir con las obligaciones alimentarias".
- Se hizo extensivo al concubino el derecho a heredar por vía legítima. Anteriormente, por la firma en que estaba redactado en capítulo correspondiente, sólo concede tal derecho a la mujer.

27. 7 de febrero de 1985

En materia de arrendamiento de bienes inmuebles se incluyeron reformas tendientes a satisfacer la demanda de los arrendatarios las cuales dieron nacimiento al capítulo IV "Del arrendamiento de fincas urbanas destinadas a la habitación". Las disposiciones de este capítulo se declararon de orden público e interés social, por lo tanto, irrenunciables. Fe de erratas (DOF 29-03-1985).

28. 10 de enero de 1986

A raíz del terremoto de 19 de septiembre de 1985, se integró lo que en la doctrina se conoce como "presunción de muerte directa por riesgo extremo" (artículo 705).

29. 7 de enero de 1988

Se modificaron:

- Los numerales 12, 14 y 15 de las disposiciones preliminares.
- Se adicionó el 28 bis previendo que las personas morales extranjeras de naturaleza privada solamente podían establecerse en el territorio nacional cumpliendo las disposiciones legales aplicables y previa autorización de la Secretaría de Relaciones Exteriores.
- Los artículos del 29 al 32, entre otros, que presumía que una persona reside en un lugar, cuando permanece más de seis meses en él y modificaron los supuestos que debían tenerse como domicilio legal.
- Cambiaron los artículos 2317, 2320, 2321 y 2917 a efecto de tomar como monto de referencia para determinar en qué casos la compraventa de bienes inmuebles y la hipoteca, respectivamente, debían constar en escritura.
- Se hizo una nueva la denominación del capítulo sexto, denominándose "De las personas morales extranjeras (de naturaleza privada, del título décimo primero "De las asociaciones y de las sociedades", de la tercera parte "De las diversas especies de contratos", del libro cuarto "De las obligaciones").

30. 23 de julio de 1992

Se reformó la denominación del capítulo IV, del título IX, del libro primero "De la tutela Legítima, De los Mayores de edad Incapacitados", y los artículos 23, 156, fracciones VIII y IX, 331, 450 fracción II, 464 primer párrafo, 466, 505, 543, 544, 561, 563, 584, 591, 597 y 600, y se derogan los artículos 450 fracciones III y IV y 506, entre otros cambios los siguientes:

- Quedó establecido que ni la minoría de edad, el estado de interdicción ni demás incapacidades debían menoscabar la dignidad de la persona ni atentar contra la integridad de la familia.
- La embriaguez, la morfinomanía, la eteromanía y el uso indebido y persistente de demás drogas dejó de ser un impedimento para contraer matrimonio y se sustituyó en los mismos idiotismo e imbecilidad por la remisión al artículo 450 fracción II.
- Al determinar las personas que conforme a la ley tienen incapacidad natural y legal se modificó la referencia "mayores de edad privados de inteligencia" por la de "mayores de edad disminuidos o perturbados en su inteligencia", etc.
- También se reformaron diversas disposiciones relativas a la tutela, en adecuación a la reforma de la fracción II del artículo 450 y la derogación de sus fracciones III y IV.

31. 21 de julio de 1993

Se reformaron los artículos 2398 segundo párrafo, 2406, 2412 fracción I, 2247, 2248, 2448-B, 2448-C, 2448-J, 2448-K, 2478, 2484, 2487, 2489, fracción I y 2490; se adicionó el 2489; y se derogaron los numerales 2407, 2448-D segundo párrafo, 2448-I, 2448-L, 2449, 2450 a 2453, 2486, 2488, 2491, 2494 y 3042. Así:

- Se previó que el contrato de arrendamiento podía exceder de diez años para fincas destinadas a la habitación y 20 años para fincas destinadas al comercio o a la industria.
- Se estableció como regla general que el contrato de arrendamiento debía otorgarse por escrito, anteriormente sólo era necesario ese requisito cuando el monto de la renta pasará de $100.00.
- Quedó establecido que la duración mínima de todo contrato de arrendamiento sobre fincas destinadas a la habitación sería de un año forzoso, salvo pacto en contrario.

Con estas reformas se pretendió terminar con la rigidez de algunas de las disposiciones que desde 1985 no admitían pacto en contrario, lo que permitió que imperara el principio de autonomía de la voluntad.

32. 23 de septiembre de 1993

Cambiaron los transitorios del decreto de fecha 21 de julio de 1993, se instituyó que juicios y procedimientos judiciales y administrativos que estuvieren en trámite a esa fecha, así como los iniciados antes de 19 de octubre de 1998, derivados de contrato de arrendamiento de inmuebles para casa habitación y sus prórrogas, que no se encontraran en los supuestos establecidos en el transitorio segundo de este decreto, se regirían hasta su conclusión por las disposiciones del Código de Procedimientos Civiles para el Distrito Federal y de la Ley de Protección al Consumidor vigentes con anterioridad al 19 de octubre de 1993.

33. 6 de enero de 1994

Desapareció la autorización judicial de contratación entre consortes y se reformaron disposiciones en materia de forma de los testamentos; se introdujo la figura del testamento público simplificado, y en consecuencia se añadió al título tercero, libro tercero, el capítulo III bis "Del testamento público simplificado". Se modificaron los artículos 2555 y 2556 relativos a la forma que debe ser observada para la celebración del contrato de mandato.

34. 10 de enero de 1994

Se modificaron numerales 1916, 1927 y 1928. Del primero fueron derogados los últimos tres párrafos y, como consecuencia de los cambios en el segundo y tercero, la responsabilidad patrimonial del Estado y la acción de repetición de pago de daños y perjuicios contra sirvientes, empleados, etc., se adecuó el segundo párrafo del 1916 y se estableció que, para la reparación por daño moral ocasionado por el Estado o alguno de sus servidores, se estará a lo dispuesto por los artículos 1927 y 1928.

35. 24 de mayo de 1996

Se adicionó la fracción XIII del 750 determinando que se considerarán bienes inmuebles las líneas telefónicas y las estaciones radiotelegráficas fijas y se introdujo en el artículo 2926 una forma de cesión especial de crédito hipotecario, sin notificación al deudor y sin necesidad de inscripción en el Registro Público de la Propiedad.

36. 24 de diciembre de 1996

Se derogaron los artículos 28 bis, 2737, 2738 y se modificó la fracción II del 3071 (actos inscribibles en los folios de personas morales) en adecuación a la Ley de Inversión Extranjera.

37. 30 de diciembre de 1997

Cambiaron los artículos, 282, 283, la denominación del Título Sexto del Libro Primero; 411; 414; 416 a 418; 422; 423; 444, primer párrafo, fracción I; 492 a 494, y 1316, primer párrafo, fracción VII; se adicionaron las fracciones XIX y XX al 267; una fracción VII al 282; un capítulo III al título sexto del libro primero y en consecuencia los numerales 323 bis y 323 ter, relativos a violencia familiar; las fracciones V y VI al 444, 444 bis, y la fracción XII al 1316, y se derogó el 415, que entre otros aspectos tocaron los siguientes:

- Tratándose de divorcio se previó que, en adición a las existentes, se tendrán como causales: "las conductas de violencia familiar cometidas por uno de los cónyuges contra el otro o hacia los hijos de ambos o de alguno de ellos; y el incumplimiento injustificado de las determinaciones de las autoridades administrativas o judiciales que se hayan ordenado, tendientes a corregir los actos de violencia familiar hacia el otro cónyuge o los hijos, por el cónyuge obligado a ello".

- Se fijó, como medida provisional para el caso de la admisión de la demanda de divorcio, "la prohibición de ir a un domicilio o lugar determinado para alguno de los cónyuges, así como las medidas necesarias para evitar actos de violencia familiar".
- Se especificaron las reglas a seguir para la fijación de la sentencia de divorcio, así como las aplicables al ejercicio de la patria potestad en caso de separación de los cónyuges y custodia de menores sujetos a ésta.

38. 28 de mayo de 1998

Cambiaron los numerales 86; 87; 88; 133; 157; 295; 390, fracciones I a III; 391; 394; 395, segundo párrafo; 397, último párrafo; 402; 403; 404; 405; primer párrafo; 1612; 1613; y 1620, y se adicionaron los artículos 293, 397, 405, 410 A; 410 B; 410 C; 410 D; 410 E, y 410 F; así como cuatro secciones al Capítulo V del Título Séptimo del Libro Primero. Fundamentalmente de esta reforma resultaron los siguientes cambios:

- Se implementó la figura de la adopción plena con los mismos efectos que el parentesco consanguíneo.
- Se abrió la posibilidad de convertir la adopción simple en plena, con previo consentimiento del adoptante.
- Se ordenó que, para el caso de adopción plena, se levantaría acta como si fuera de nacimiento, se harían las anotaciones correspondientes al nacimiento del adoptado en el acta de nacimiento originaria y esta quedaría reservada.
- Se incorporaron reglas especiales en materia de adopción internacional, las cuales siempre serían plenas.
- Se permitió la donación hecha por extranjeros y se estableció que los mexicanos tendrían preferencia sobre estos para poder adoptar.
- Se adaptaron las reglas de la sucesión legítima a los efectos de la adopción.

39. 19 de diciembre de 1998

Cambiaron los artículos 1° y 3° de las disposiciones transitorias del decreto de fecha 21 de julio de 1993, estableciéndose que entrarían en vigor el 19 de abril de 1999, salvo lo dispuesto por el III transitorio, del que se desprende que los juicios y procedimientos judiciales y administrativos que a esa fecha se encontraran en proceso, así como los iniciados antes del 19 de abril de 1999 derivados de contratos de arrendamiento de inmuebles para habitación y sus prórrogas, que no se encontraran en los supuestos establecidos en el transitorio segundo, se regirían hasta su conclusión por las disposiciones del Código de Procedimientos Civiles para el Distrito Federal y de la Ley Federal de Protección al Consumidor, vigentes con anterioridad al 19 de octubre de 1993.

D. Reforma política del Distrito Federal, incluyendo el surgimiento de un ente legislativo propio

La capital del país tuvo por primera vez una Legislatura facultada para emitir leyes civiles mediante el siguiente proceso:

1. Creación de la Asamblea de Representantes del Distrito Federal

El 10 de agosto de 1987 se publicó el decreto por el que se creó la Asamblea de Representantes del Distrito Federal, mediante una modificación al artículo 76, fracción VI, base 3ª de la Constitución, como órgano de representación, que entre otras funciones tenía la de emitir los reglamentos de las leyes y otras disposiciones expedidas para el Distrito Federal por el Congreso de la Unión. Además, estaba autorizada para la dictaminación de bandos y ordenanzas; emisión de reglamentos de policía y buen gobierno, así como iniciar, ante el Congreso de la Unión, leyes o decretos aplicables a la capital.

2. Elección del jefe de gobierno del Distrito Federal

El 25 de octubre de 1993 se publicó el decreto por el que se modificaban diversas disposiciones constitucionales, entre ellas, la del artículo 73, fracción VI, el cual suprimió las bases de organización del Distrito Federal trasladándolas al artículo 122. También se facultó al Congreso de la Unión para legislar en materia local, específicamente en lo tocante al Distrito Federal, salvo en las materias expresamente conferidas a la Asamblea de Representantes, quien a su vez dejó de ser un órgano de representación política al haber dejado de ser el Distrito Federal un departamento administrativo. El punto más importante fue la implementación de un sistema de elección popular del titular de la administración pública capitalina.

3. Otorgamiento de facultades para legislar en materia civil

El 23 de agosto de 1996 se modificó el artículo 122 constitucional, dando como resultado el cambio de denominación de "Asamblea de Representantes" por la de "Legislativa" y se le facultó para legislar en materia civil. También se derogó la fracción VI del artículo 73. En el artículo décimo tercero transitorio, se prescribió que las facultades para legislar en el ramo civil empezarían a tener efectos a partir del 1° de enero de 1999, fecha que no se cumplió puntualmente.

Al respecto, en la sesión ordinaria del 16 de abril de 1997, Manuel Jiménez Guzmán mencionó lo siguiente:

> Esta Asamblea, a partir de 1997-98, adquirirá nuevas facultades y atribuciones: en materia de responsabilidad de funcionarios del Tribunal Superior de Justicia; en el área electoral para conformar organismos electorales propios y la ley exclusiva para el Distrito Federal, y en otras materias tan importantes como la obra pública, la materia civil y la materia penal, que se encontraban estas facultades en el Congreso General de los Estados Unidos Mexicanos.
> Por primera vez, hoy de manera indirecta, pero en el año 2000 habremos de elegir a los representantes de las delegaciones políticas, jefes de las delegaciones políticas en demarcaciones territoriales, resultado del voto secreto, directo y universal de los habitantes de la capital. Por eso llegan ustedes en un momento que es parteaguas en la historia política de la Ciudad de México y de la República Mexicana.[81]

Ya para el año 2000 varias eran las iniciativas presentadas ante la Asamblea con el fin de crear o modificar el Código. Ejemplo de ello fue la presentada el 22 de marzo por parte del diputado Fernández Noriega, integrante del Partido Acción Nacional (PAN).

La coordinación para la elaboración del proyecto de este Código estuvo presidida por la Ingrid Brena Sesma e integrada por Miguel Alessio Robles, Javier Arce Gargollo, Juan Manuel Asprón Pelayo, Fernando Barrera Zamora Tegui, José Barroso Figueroa, Carmen Aída Bremaus Monje, Héctor Manuel Cárdenas Villarreal, Ligia Cuevas de Velasco, Joel Chirino Castillo, Yolanda de la Cruz Mondragón, Alejandro Domínguez García Villalobos, Jorge Alfredo Domínguez Martínez, Clementina Gil de Lester, Juan Luis González Alcántara, Iván Lagunes Pérez, Tomás

---

81 *Diario de los Debates de la Asamblea de Representantes Distrito Federal,* México, año 3, núm. 10, 16 de abril de 1997.

Lozano Molina, Carlos Antonio Morales Montes de Oca, Othón Fernández del Castillo, Héctor Treja Arias, José Visoso del Valle y Luis Eduardo Zuno Chavira.

Sobre este proyecto, el cual fue desechado, se comentó:

> Los integrantes de los grupos de trabajo, pensamos en una sociedad de amplia colaboración en libertad que permita el libre desarrollo de todos sus integrantes, donde las diferencias se resuelvan por y para los hombres, no en favor de unos y contra otros [...].
> Los grupos de trabajo partieron de la idea de que la ley es un traje que queda bien a todos, pero no perfectamente a nadie. Por ello tomó en cuenta la conveniencia de proporcionar a determinadas normas de flexibilidad; por un lado, una normativa destacada y precisa para evitar interpretaciones arbitrarias, y por el otro, directivas generales que permitan al juez juzgar de acuerdo al espíritu de la legislación. [...].
> Es importante señalar que para la elaboración del proyecto se tomaron en consideración opiniones de connotados tratadistas nacionales y académicos por el conocimiento que tienen de la realidad mexicana, así como de especialistas extranjeros en lo que se podía adecuar a nuestras condiciones sociales, pero también y en forma muy importante, de distinguidos integrantes del Poder Judicial y del Foro, quienes por su labor cotidiana saben en dónde se localizan los mayores problemas de aplicación e interpretación de la ley [...I
> Con estos elementos surgió un documento, el cual se considera novedoso y que pretende, sin desconocer tradiciones y costumbres arraigadas, introducir modificaciones que por un lado regulen situaciones reales, pero al mismo tiempo puedan ser un factor de cambio, función reconocida a la ley y el derecho [...].[82]

Dentro de los puntos más importantes que la iniciativa pretendía renovar estaban temas enfocados a personas, familia, bienes, sucesiones, contratos y Registro Público de la Propiedad; en específico se propusieron solucionar las lagunas motivadas por la ausencia de normas para resolver situaciones creadas por los avances sociales, culturales, económicos, tecnológicos y científicos posteriores a la creación del Código de 1928; el fortalecimiento de la norma en materia de familia y la armonización de los intereses individuales con los sociales, corrigiendo el exceso de individualismo contenido en la norma.

Por tanto, se argumentó que:

---

[82] *Diario de los Debates de la Asamblea Legislativa Distrito Federal*, México, año 3, núm. 3, 22 de marzo de 2000.

> El Código Civil que se presenta no pretende ser sólo un cuerpo legislativo, sino una vía legal para alcanzar la armonía de la vida social; esta vida en la que confluyen la autonomía privada, la política económica, el orden público y el interés de los particulares.[83]

Prácticamente un mes después, el 17 de abril, el diputado Antonio Padierna Luna presentó otra iniciativa para reformar el Código. En ella señalaba lo siguiente:

> El Código Civil para el Distrito Federal en materia común y para toda la República en materia federal, rigen las relaciones jurídicas de los particulares, es decir, de todos, desde el nacimiento hasta la muerte y aún los efectos posteriores en materia sucesoria. Por eso es una legislación angular imprescindible y de especial significación en la vida cotidiana.
>
> El actual data de 1928 y fue fruto de un decreto presidencial emitido por Plutarco Elías Calles, cuyo transitorio que en sus términos nos permite significar la importancia de la iniciativa que se presenta, señalaba que entraría en vigor en la hecha que fijase el ejecutivo, lo que sucedió en 1932 [...].
>
> Por primera vez en la historia de México un órgano legislativo local de esta ciudad tiene posibilidades de legislar en materias que atañen a esta legislación y no debemos dejar de hacerlo.
>
> Es la primera ocasión que los representantes de los habitantes de la ciudad participarán en reformas a un ordenamiento jurídico tan importante como es el que nos ocupa, eso forma parte de la reforma política del Distrito Federal y así lo concebimos y lo asumimos.
>
> Planteamos cambios urgentes a la legislación civil, sin renunciar a la elaboración de un nuevo Código, pero conscientes que hay cuestiones de atención más inmediatas que otras, tales como la protección a las mujeres, a los menores, a la familia.[84]

Esta iniciativa fue finalmente, aprobada y tuvo una serie de erratas que se resolvieron sobre la marcha, lo que causó entre los legisladores un ríspido debate. Así, por ejemplo, en la sesión del 28 de abril, se dio una acalorada discusión entre la diputada María Angélica Luna y el promovente.

La diputada Luna comenzó:

---

83 *Idem.*

84 *Diario de los Debates de la Asamblea Legislativa del Distrito Federal,* México, año 3, núm. 10, 17 de abril de 2000.

> Compañeros legisladores: Quisiera de verdad pedir su reflexión y decirles que no nos merecemos terminar así nuestro periodo legislativo. Han sido muchos años dos, tres ya vamos a cumplir de una tarea cotidiana, a veces hemos avanzado, a veces nos hemos fracturado y en ocasiones hemos salido de aquí satisfechos. No podemos salir hoy llenos de vergüenza de estar partidizando las cuestiones más sensibles de la sociedad.
>
> Todos nosotros estamos interesados, y es obvio y así lo hemos dicho, en proteger con más fuerza a la familia, de que haya mayor equidad en la familia, de que los niños sean considerados y que el interés superior de la infancia se vea reflejado en el Código Civil [...l. Yo propongo que se regrese a comisiones y que hagamos un periodo extraordinario, no le tengamos miedo al trabajo, tenemos que responderle a la sociedad [...].[85]

En contestación, Padierna expresó:

> No podemos venir a descalificar un trabajo que duró y que tardamos mucho en hacerlo, que insisto, ustedes participaron y los compañeros del Partido Verde que de verdad entiendo ahora, no entiendo ahora por qué firman otra iniciativa, duró dos años, se hizo un foro, se le dio un tratamiento inédito a una ley que se discutió públicamente.
>
> Yo la invitaría, diputada, con todo respeto y mi admiración que le tengo, que mejor firme con nosotros y votemos juntos y salgamos juntos con este trabajo [...]. Usted y yo estamos de acuerdo en el contenido del documento. Usted y yo estamos de acuerdo en que estos puntos se discutieron, y si todavía aún sigue habiendo observaciones, diputada, hagamos las reservas pertinentes y aquí lo discutimos. Pero no diga usted, de verdad, no diga usted que no haya nada que lo dejemos para otro tiempo y que lo veamos otro día.

Luna concluyó diciendo:

> A lo que me refiero es que es imposible que podamos, a pesar de que en lo general cada una de esas que ustedes han enumerado tiene mucho de positivo y estamos de acuerdo, como quedó el dictamen, como quedó la propuesta y más aún con la fe de erratas que nos acaban de distribuir, es imposible con seriedad saber cómo quedaron [...] nos preocupa muchísimo que alguno de los temas, como patrimonio y como varios otros, más el último capítulo de bienes y algunas otras cosas no tuvieron la suficiente reflexión final.
>
> Sin embargo, tal y como está reflejado y como está engarzado y como se hizo no podemos garantizar calidad y un mes nos da a todos serenidad, calidad, profesionalismo y podemos decir: Reformamos el Código Civil con todo detalle.
>
> Ya tenemos el último dictamen, vamos a trabajar sobre eso y vamos a reflexionar sobre cada artículo y entonces sí nos podremos dar el lujo de decir: Estamos de acuerdo en este y en este no, pero sentados trabajando, viendo las repercusiones

---

[85] *Ibidem*, núm. 15, 28 de abril de 2000.

que puede tener. Porque aún de las últimas reuniones que tuvieron ustedes en el tribunal, ya es otra versión el dictamen.
Entonces, no hemos podido acabar de reflexionar en uno cuando sale otro y cuando ya todavía hoy sale la fe de erratas.
Yo creo que está claro que no ha habido la serenidad suficiente para hacer las cosas como se debe en el Código Civil.[86]

[86] *Idem.*

E. Separación del Código Civil en uno local y otro federal

Como consecuencia de las reformas constitucionales, en el año 2000 el Código Civil de 1928 se escindió en dos, uno con ámbito de aplicación local y otro federal.

1. Código Civil para el Distrito Federal

El 25 de mayo de 2000 se publicó en la *Gaceta del Distrito Federal* el decreto por el que se completó la escisión del Código Civil para la capital. Con ello no sólo se modificó su denominación sino también la mayoría de las disposiciones contenidas en el libro primero y, algunas, en materia de bienes y obligaciones.

A continuación, se presenta un breve listado de los temas que fueron reformados, derogados o adicionados:

En el libro primero:

- Disposiciones preliminares.
- Personas físicas y morales.
- Domicilio.
- Registro Civil.
- Familia (se adicionó el título IV "De la familia").
- Esponsales (se derogó todo el capítulo).
- Matrimonio.
- Donaciones antenupciales y entre cónyuges.
- Divorcio.
- Concubinato (se adicionó el capítulo XI del título quinto).
- Parentesco.
- Alimentos.
- Violencia familiar.

- Filiación.
- Adopción (se suprimió todo el capítulo de la adopción simple, entre otros cambios).
- Patria potestad.
- Tutela.
- Patrimonio de familia.

En el libro segundo:

- Bienes inmuebles.
- Bienes mostrencos y vacantes.
- Disposiciones generales en materia de propiedad.
- Derecho de accesión.
- Copropiedad.
- Servidumbre.
- Prescripción.

En el libro tercero:

- Capacidad para heredar.
- Testamentos.
- Sucesión de los concubinos.
- Aceptación y repudio de herencia.

Y, por último, en el libro cuarto:

En materia de contratos se reformaron algunos artículos del mandato, la compraventa, el arrendamiento, la prestación de servicios profesionales el contrato de obra a precio alzado, aparcería rural y la hipoteca, así como algunos en materia de Registro Público.

2. Código Civil Federal

Apenas cuatro días después, el 29 de mayo, se publicó en el *Diario Oficial de la Federación* el decreto por el que se completó la escisión del Código Civil Federal, reformando a su vez el artículo 1° a efecto de cambiar su nombre y establecer que su competencia era exclusivamente federal. De igual forma se reformaron los artículos 1803, 1805 y 1811, y se le adicionó el 1834 bis en materia de obligaciones.

En la exposición de motivos se dijo lo siguiente:

> Por medio de la presente iniciativa se pretende incorporar [...] el concepto jurídico "Mensaje de datos", que implica el consentimiento otorgado por medios electrónicos. Igualmente se introducen reformas para establecer que se reconoce la validez de la oferta y la aceptación o rechazo de la misma, realizadas a través de un mensaje de datos. También se establece el reconocimiento de que el mensaje de datos electrónico tiene la misma validez y cumple el requisito de la forma escrita, que se exige para el contrato y demás documentos legales que deben ser firmados por las partes. Asimismo, se reconoce que tanto la forma escrita como la firma original, tiene cumplidos los requisitos legales para la validez de las transacciones, tratándose de un mensaje de datos.[87]

3. Motivos del retraso en la escisión

Tal como ya se expuso en puntos anteriores, la Asamblea Legislativa gozó de facultades para legislar en materia civil desde el 1° de enero de 1999, por lo que llama la atención la demora de más de un año para su ejercicio. ¿Cuál fue la razón?

En mi opinión, tuvo trascendencia la situación política por la que atravesaba el Distrito Federal en esa época. Para 1997 los capitalinos, por primera vez, pudieron votar por un jefe de gobierno. En aquella votación del 6 de julio fue electo Cuauhtémoc Cárdenas para desempeñar el cargo.

En el periódico *La Jornada* de fecha 12 de marzo de 1998, se publicó lo siguiente:

> Desde su instalación el 17 de septiembre de 1997, la primera legislatura de la Asamblea Legislativa del Distrito Federal (ALDF) se desenvuelve en el centro de la transición política, entre lo que fue la última regencia —que constituía una dependencia más del Ejecutivo federal— y el primer gobierno electo en la historia de la ciudad de México.
> En el transcurso de 175 días, en los que dio entrada a 33 iniciativas, 75 puntos de acuerdo y organizó 45 foros sobre los más diversos temas relacionados con

[87] Procesos legislativos, dictamen/revisora, cámara revisora: senadores, dictamen, México, D.F., a 29 de abril del año 2000.

> la ciudad, la más joven legislatura del país dio paso a un escenario político inédito por lo menos para 14 generaciones de capitalinos en los últimos 70 años: escuchó el informe del último de los regentes, Óscar Espinosa Villarreal; recibió al primer jefe de gobierno electo del DF, Cuauhtémoc Cárdenas [...]. El pleno de esta primera legislatura ha sesionado en 41 ocasiones durante 160 horas con 52 minutos, en las que refrendó su carácter autónomo del ejecutivo local pero, en su corta edad, ha impuesto dos precedentes de tipo jurídico y uno de género [...]. De las 33 iniciativas presentadas a la Asamblea Legislativa del DF, hasta ahora 9 han sido aprobadas. Entre ellas sobresale la que modificó el estatuto de gobierno, que le dio —aunque incompletas— mayores facultades a la nueva administración cardenista. Faltan por venir la Ley de Participación Ciudadana, las relacionadas con la reforma política y los códigos civil y penal, con sus respectivos reglamentos. Todo en el paso a una transición que le reconozca a los habitantes del DF, el pleno uso de sus derechos ciudadanos.[88]

La intención del jefe de gobierno era el expedir un nuevo Código. Sin embargo, casi a la mitad de su encargo, se separó para competir en las elecciones presidenciales de julio de 2000. Su sustituta únicamente alcanzó a dar trámite a algunas modificaciones, con la premura ya demostrada. Ese retraso también incidió en la legislación federal.

4. Inconstitucionalidad del Código Civil Federal

El Código Civil de 1928 no fue creado como nuevo cuerpo normativo independiente, sino que formó parte de un proceso que dio como resultado un solo ordenamiento con tres ámbitos espaciales de validez. La separación legislativa de 2000 pretendió generar una normativa civil federal autónoma; sin embargo, su existencia ya no tiene justificación, sobre todo en ramas como la familiar o en sucesiones, por ser de competencia local.

Fausto Rico Álvarez opina que:

> Antes de las reformas constitucionales que dieron lugar a la autonomía política de la capital del país, podía entenderse la existencia de un ordenamiento civil que estuviera sujeto al Poder Legislativo Federal, ya que el Congreso de la Unión era el órgano competente para legislar en todo lo relativo al Distrito Federal. Al

---

[88] *La Jornada*, "Cárdenas expone logros y metas de 100 días de gobierno", *La Jornada*, el 12 de marzo de 1998. https://www.jornada.com.mx/1998/03/12/logros.html

> momento en que la Asamblea Legislativa ejerció la facultad de regular las relaciones civiles de la población capitalina, la existencia del Código Civil federal aparentemente se tornó inexplicable y requerida de justificación.
> [...] No negamos que existen materias de orden federal previstas en el citado ordenamiento, sin embargo, dichas materias son las escasas y sus disposiciones tan poco numerosas que podrían formar una o varias leyes independientes, en lugar de integrar el ordenamiento con mayor número de disposiciones de todo el orden jurídico federal —de las cuales solo un mínimo porcentaje se aplican.[89]

Domínguez Martínez arguye:

> Al respecto, cabe señalar que en las disposiciones constitucionales aplicables no se contiene la que expresamente faculte al Congreso de la Unión a legislar en materia civil, sino más bien, al contrario, se trata, por exclusión de la competencia de las legislaturas locales, por así desprenderse de los artículos 124 y 73 de la Carta Magna, amén de que esta atribuye a la Asamblea legislativa del Distrito Federal legislar en materia civil.
> Si bien la fracción XXX del artículo 73 constitucional legitima indirectamente al Congreso Federal para legislar en materia civil, ello es sólo para hacer efectivas las demás atribuciones reservadas a dicho órgano legislativo, lo que nada justifica tener más de 3000 disposiciones sin positividad alguna con invasión en las materias reservadas al congreso local.[90]

Por último, Cárdenas Villarreal expone:

> Son frecuentes las opiniones que señalan como fundamento la facultad implícita del Congreso de la Unión para legislar en materia civil, precisamente la facultad explícita de hacerlo en materia mercantil, debido a la necesidad de suplirla con la legislación civil en cada contrato mercantil celebrado, no obstante, a nuestro juicio tal argumento no es suficiente para considerar que el Congreso de la Unión tiene facultad para legislar en materia civil. Ya lo hemos comentado, en todo caso la legislación civil aplicable supletoriamente sería aquella entidad resultante según las normas aplicables para el caso concreto.
> Si a la ley federal le resulta complicado la aplicación supletoria de las leyes civiles locales, tiene dos caminos para salvar los inconvenientes y lograr la anhelada uniformidad; reformar la constitución para facultar al Congreso de la Unión para legislar en materia civil, lo cual, por decir lo menos, se antoja sumamente complicado, ya que implicaría restar esa facultad a las legislaturas locales, o bien legislar en materia mercantil e incluir una teoría general de las obligaciones en el Código de Comercio.

---

89 Rico Álvarez, Fausto, *Introducción al estudio del Derecho Civil y Personas*, México, Porrúa, 2014, pp. 107 y 108.

90 Domínguez Martínez, Jorge Alfredo, *op. cit.*, p. 70.

> En esas condiciones, no encontramos fundamentos jurídicos para afirmar que, con base en la supletoriedad necesaria para la legislación mercantil, el Congreso tenga facultades implícitas para legislar en materia civil toda vez que como lo comentamos, los códigos locales pueden ser la ley supletoriamente aplicable.[91]

En mi opinión, el Código Civil Federal es inconstitucional e inaplicable, toda vez que el legislador federal no tiene facultad expresa previa para legislar en materia civil. Los argumentos que defienden la constitucionalidad de éste se basan en que el Congreso cuenta con facultades implícitas, mismas que encuentran su razón en el artículo 73, fracción XXX, lo cual me parece desmesurado. Sin embargo, se debe tomar en cuenta que mientras el Código Civil Federal no sea declarado inconstitucional por la Suprema Corte de Justicia, éste debe entenderse vigente.[92]

5. Reformas al Código Civil Federal a partir de 2000

A continuación, se enlistan y se describen dichos cambios:

5.1. 31 de diciembre de 2004

Se derogó el artículo 1927 sobre la responsabilidad civil de los funcionarios públicos, según el cual, el Estado tenía la obligación de res-

---

91 Cárdenas Villarreal, Héctor Manuel, *op. cit.*, p. 29.

92 En los párrafos segundo, tercero y cuarto de la fracción II del artículo 107 de la Constitución Política de los Estados Unidos Mexicanos se establece: "Cuando en los juicios de amparo indirecto en revisión se resuelva la inconstitucionalidad de una norma general por segunda ocasión consecutiva, la Suprema Corte de Justicia de la Nación lo informará a la autoridad emisora correspondiente.
Cuando los órganos del Poder Judicial de la Federación establezcan jurisprudencia por reiteración en la cual se determine la inconstitucionalidad de una norma general, la Suprema Corte de Justicia de la Nación lo notificará a la autoridad emisora. Transcurrido el plazo de 90 días naturales sin que se supere el problema de inconstitucionalidad, la Suprema Corte de Justicia de la Nación emitirá, siempre que fuere aprobada por una mayoría de cuando menos ocho votos, la declaratoria general de inconstitucionalidad, en la cual se fijarán sus alcances y condiciones en los términos de la ley reglamentaria".

ponder del pago de daños y perjuicios causados por estos, con motivo del ejercicio de sus atribuciones.

5.2. 13 de abril de 2007

Se derogaron del 350 al 363 que regulaban la legitimación.

5.3. 28 de enero de 2010

Cambió el numeral 1661 a efecto de establecer que el repudio de herencia deberá constar por escrito ante juez o en escritura ante notario.

5.4. 30 de agosto de 2011

Se adicionó el 1934 bis relativo a que una colectividad o grupo de personas, estará obligado a indemnizar en términos de lo dispuesto en el libro quinto del Código Federal de Procedimientos Civiles.

5.5. 9 de abril de 2012

Se cambiaron los artículos 41, 148, 151, 631, primer párrafo; 834, 2317, segundo, tercero y cuarto párrafos; 2448-G, primer y tercer párrafos; 2917, segundo párrafo; 2999 y 3052, fracción III, segundo párrafo. En diversas disposiciones se sustituyeron las referencias de "presidentes municipales" por la de "jefe de gobierno" o "Gobierno del Distrito Federal".

5.6. 8 de abril de 2013

Se modificó el 391 relativo a la adopción en el sentido de que para el caso de que cuando sólo uno de los cónyuges o concubinos cumplan con el requisito de edad exigido por la ley podrán adoptar, siempre y cuando ambos estén de acuerdo en considerar al adoptado como hijo. Se derogó la sección segunda, "De la adopción simple", del capítulo V "De la adopción", del título Séptimo "De la paternidad y filiación", artículos 402 al 410.

5.7. 24 de diciembre de 2013

Se cambiaron los artículos 86, 87, 133, 292, 395 y 1612 y se derogó el 88, 139 a 145, 149, 157, 295, 394, 1613 y 1620. Entre los cambios más relevantes los siguientes:

- Se derogaron los artículos 139 a 145 y en consecuencia el capítulo primero relativo a los esponsales.
- Sólo se reconocen como parentesco el consanguíneo y por afinidad.
- Se establece que el adoptado herede como hijo.

5.8. 19 de enero de 2018

Se cambió el 1915 en adecuación al decreto por el que se crea la Unidad de Medida y Actualización.

5.9. 9 de marzo de 2018

Se incluyó la obligación del juez del Registro Civil de asentar en el acta de nacimiento el nombre solicitado, con estricto apego a las formas orales, funcionales y simbólicas de comunicación pertenecientes a las lenguas indígenas.

5.10. 3 de junio de 2019

Se eliminó la emancipación y se hicieron modificaciones a todos los artículos relacionados con el matrimonio infantil. (Artículo 98, fracciones I y V; 100; 103, fracciones II y IV; 104; 113; 148; 156, fracción I, y último párrafo; 159; 172; 187, primer párrafo; 209, primer párrafo; 256; 272, primer y tercer párrafo; 412; 438, fracción I; 442; 473 y 605, y se derogaron el artículo 31, fracción I; el Capítulo VI "De las Actas de Emancipación" y los artículos 93; 98, fracción II; 149; 150; 151; 152; 153; 154; 155; 156, fracción 11; 160; 173; 181; 187, segundo párrafo; 209, segundo párrafo; 229; 237; 238; 239; 240; 435; 443, fracción II; 451; 499; 624, fracción II; 636; 639; 641 y 643).

5.11. 27 de marzo de 2020

Se reformaron los artículos 430 y 635 y se adicionó un segundo párrafo al artículo 23. Se facultó a los menores de edad, para que, a partir de los 15 años cumplidos, pudieran abrir cuentas de depósito bancario de dinero en términos de la Ley de Instituciones de Crédito, sin la intervención de sus representantes, teniendo a su cargo la propiedad y administración de los fondos depositados en dichas cuentas De igual manera se previó, de manera inexplicable que, tratándose de la administración de los fondos depositados "el menor de edad como emancipado, con las restricciones que impone la ley para enajenar, gravar o hipotecar bienes inmuebles con los efectos a que se refiere el artículo 435 de este Código".

5.12. 11 de enero de 2021

Se reformaron los artículos 323 bis, 323 ter y 423 en adecuación a la Ley General de Derechos de Niñas, Niños y Adolescentes. Se prohibió a la madre, padre o cualquier persona en la familia, utilizar castigos corporales o cualquier tipo de trato y castigo humillante como forma de corrección o disciplina de niñas, niños o adolescentes.

6. Reformas al Código Civil para el Distrito Federal de 2000 a la fecha

En 19 años, se ha modificado 56 veces, a saber:

6.1. 17 de enero de 2002

Se modificó al artículo 455 el supuesto de que dos o más personas pudieran ejercer el cargo de tutor cuando concurrieran circunstancias especiales en la vida del pupilo o su patrimonio.

Se adicionó un segundo párrafo al 462, imponiendo al juez la obligación de escuchar la opinión de los parientes del incapaz, con el fin de emitir una sentencia en donde se establezcan los actos jurídicos de carácter personalísimo, que podrá realizar por sí mismo, determinándose con ello la extensión y límites de la tutela.

También se facultaron a las personas morales sin fines de lucro para ser tutores y curadores (475 y 618) y se adicionaron los numerales 456 bis y 457 bis también respecto a la tutela de personas morales.

6.2. 16 de enero de 2003

Las modificaciones de este decreto fueron en materia de arrendamientos. Se modificó la temporalidad para la renta de bienes inmuebles destinados a habitación, los cuales, no podrán celebrarse por menos de un año. Se correlacionó el arrendamiento con el mandato para que un tercero pudiera arrendar un bien ajeno y se estableció la forma del contrato.

Se adicionaron derechos y obligaciones para el arrendador y el arrendatario y se adicionó el 2448-M, que a la letra dice:

> Si durante el arrendamiento se suscitare el divorcio del arrendatario, y la guarda y custodia de los menores habidos en el matrimonio, se le otorga judicialmente a su cónyuge, éste o ésta se subrogarán voluntariamente, en los derechos y obligaciones correspondientes del arrendamiento, en los términos y condiciones del contrato respectivo, quedando desde luego en posesión del inmueble arrendado, siempre u cuando lo hayan cohabitado durante el matrimonio, lo mismo se aplicará en el caso de concubinato.

Artículos 2398, 2401, 2402, 2406, 2409, 2410, 2412, 2416, 2426, 2435, 2437 y 2440, 2447, 2448, 2448-A, 2448-C, 2478, 2479, 2481, 2495, 2423, 2446, 2448-D, 2448-E, 2448-F, 2448-J, 2483, 2489 y 2482.

6.3. 13 de enero de 2004

Estos cambios se refirieron al Registro Civil. Se eliminaron las actas relativas a la tutela y a la emancipación.

Con los avances tecnológicos se modificaron los numerales relativos al sistema de registro en libros, con el fin de convertirlos en inscripciones guardadas por medios informáticos o aquellos que el avance tecnológico ofrezca, bajo una base de datos en la que se reproduzcan los datos contenidos en las actas.

Artículos 35, 36, 39, 41, 48, 53-55, 58, 69, 75, 76, 78, 80, 82, 85, 89, 90, 97, 98, 100-104, 113, 114, 116-119, 135, 138 bis, 148, 180 y 361, y se derogaron los artículos 57, 91, 92, así como la fracción IV del 98, la fracción VIII del 103 y la fracción III del 119.

6.4. 9 de junio de 2004

La obligación del adoptante para remitir al juez del Registro Civil copia certificada de la sentencia de adopción fue modificada para que ahora corra a cargo del juez, en un término de tres días para el levantamiento de la nueva acta. Levantada ésta, el juez del Registro Civil remitirá las constancias de dicho registro a su homólogo del lugar donde se levantó el acta de nacimiento originaria.

Artículos 84, 133, 307, 399, 401, 410-A, 410-E, 443, 444 y se derogó el 410-B.

6.5. 6 de septiembre de 2004

Cambió la fracción V del artículo 282, el párrafo segundo del 293; se adicionó un párrafo segundo al 411, un párrafo tercero al 417 y se adicionaron dos fracciones al 447; también se reformó el 283 en su primer párrafo y se adicionaron dos párrafos, recorriéndose los subsecuentes, sobre guarda y custodia de los menores, parentesco por consanguinidad, entre el hijo producto de la reproducción asistida y los cónyuges o concubinos y suspensión de la patria potestad.

6.6. 22 de julio de 2005

Cambió el 323 del capítulo II "De los alimentos" en el que se estableció que el deudor alimentario deberá informar de inmediato al juez de lo Familiar y al acreedor alimentista cualquier cambio de empleo, la denominación o razón social de su nueva fuente de trabajo, la ubicación de ésta y el puesto o cargo que desempeñará, a efecto de que continúe cumpliendo con la pensión alimenticia decretada y no incurrir en alguna responsabilidad. Se derogó el 323 bis del capítulo III "De la violencia familiar" que decía:

Los integrantes de la familia tienen derecho a que los demás miembros les respeten su integridad física y psíquica, con objeto de contribuir a su sano desarrollo para su plena incorporación y participación en el núcleo social. Al efecto, contará con la asistencia y protección de las instituciones públicas de acuerdo con las leyes.

6.7. 28 de octubre de 2005

Se agregó la fracción quinta al numeral 1368 sobre la obligación de dejar alimentos en los testamentos a los concubinos.

6.8. 3 de mayo de 2006

Se adicionó un párrafo al 3000 y otro al 3059 relativos al sistema informático del Registro Público mediante el cual el registrador realizará la inscripción o anotación de los documentos registrables.

6.9. 19 de mayo de 2006

Se derogó el último párrafo del 1916 y del 1916 bis relativos a las obligaciones que nacen de los actos ilícitos, así como el título décimo tercero referente a "Delitos contra la intimidad personal y la inviolabilidad del secreto" capítulo I "Violación de la intimidad personal", quedando el título como "Inviolabilidad del secreto".

6.10. 7 de junio de 2006

Cambió la fracción II del 1602 para denominar como último heredero al Sistema para el Desarrollo Integral de la Familia del Distrito Federal y la fracción IV del 1745 también para facultarlo como albacea y se modificó el capítulo de la beneficencia pública sólo en cuanto al nombre (1636 y 1637).

6.11. 17 de enero de 2007

Se modificaron los artículos 323 Ter, 323 Quáter y 323 Quintus. Se amplió el significado de violencia familiar para incluir como agresores a aquellos que tengan la custodia, guarda, protección, educación, instrucción o cuidado de otro.

6.12. 2 de febrero de 2007

Se transformó la fracción V y el párrafo segundo de la fracción X del 282, también cambió el 283 y 287, los párrafos segundos del 293 y 411, 416 y 417 y la fracción III del 444. Con ello se adicionó el 283 bis, 414 bis, 416 bis, 416 Ter, y 417 bis en materia de divorcio en cuanto a la situación de los hijos menores de edad, así como pérdida y suspensión de la patria potestad en caso de violencia familiar.

6.13. 15 de mayo de 2007

Se incorporó al Ministerio Público como autoridad en asuntos de tutela. (Artículo 454).

También, se agregó a la tutela cautelar como una nueva figura (461). Con ello se creó el capítulo I bis "De la tutela cautelar", adicionando los artículos 469 bis, 469 Ter, 469 Quáter y 469 Quintus. Por último, se modificaron los numerales 485 bis, 495, 530, 565, 568, 585 bis y 589 para armonizarlos a la nueva tutela.

6.14. 4 de enero de 2008

Se adicionó la fracción VII al 447:

> La patria potestad se suspende:
> En los casos y mientras dure la tutela de los menores en situación de desamparo de acuerdo con lo dispuesto en el presente Código y del artículo del 902 Código de Procedimientos Civiles para el Distrito Federal.

Se adicionó la frase "de los menores en situación de desamparo" al 461. Se modificó el capítulo V del título noveno, relativo a la tutela de los menores en situación de desamparo, al igual que los artículos 492 y 493, y se derogó el 494 y se adicionó del 494-A al 494-E, del capítulo V del título noveno.

Todo lo anterior tuvo por objeto mejorar la regulación de la tutela de los menores en situación de desamparo y la actuación del Sistema para el Desarrollo Integral de la Familia del Distrito Federal en estos casos.

Por último, se derogaron los artículos 500, 501 y 502 del capítulo VI "De la tutela dativa".

6.15. 13 de marzo de 2008

Se alteró el primer párrafo y se adicionó un segundo al 1913 relativos a la responsabilidad civil, para quedar de la siguiente forma:

> Cuando una persona hace uso de mecanismos, instrumentos, aparatos, vehículos automotores o substancias peligrosas por sí mismos, por la velocidad que desarrollen, por su naturaleza explosiva o inflamable, por la energía de la corriente eléctrica que conduzcan o por otras causas análogas, está obligada a responder del daño que cause, aunque no obre ilícitamente, a no ser que demuestre que ese daño se produjo por culpa o negligencia inexcusable de la víctima. En todos los casos, el propietario de los mecanismos, instrumentos, aparatos, vehículos automotores o sustancias peligrosas, será responsable solidario de los daños causados.

6.16. 3 de octubre de 2008

Cambiaron las disposiciones del 266, 267, 271, 277, 280-283, 283 bis, 287, 288; y se derogó el 273, 275-278, 281, 284, 286 y 289 bis, relativos al divorcio sin causa y el pago de alimentos al cónyuge que se haya dedicado preponderantemente a las labores del hogar, al cuidado de los hijos, esté imposibilitado para trabajar o carezca de bienes.

6.17. 10 de octubre de 2008

Se modificaron y adicionaron los artículos 2°, 35, 98, 135 bis relativos a la capacidad jurídica, y las actas de nacimiento por reasignación de concordancia sexo genérica.

6.18. 21 de octubre de 2008

Cambió el artículo 1927, en los siguientes términos:

> El Estado tiene obligación de responder del pago de los daños causados por sus empleados y servidores públicos con motivo del ejercicio de las atribuciones que les estén encomendadas. Esta responsabilidad será objetiva y directa por la actividad administrativa irregular conforme a la Ley de la materia y en los demás casos en términos del presente Código.

6.19. 4 de diciembre de 2008

Se modificó el 1502 referente a que las personas con capacidades diferentes relativas a ceguera total o parcial, sordera, mudez o ambas puedan ser testigos de un testamento con el apoyo de un intérprete pagado por el testador.

6.20. 29 de diciembre de 2009

Se modificaron los artículos 146, 237, 291 bis, 294, 391 y 724 en materia de matrimonio y patrimonio familiar. Con la inclusión de los matrimonios del mismo sexo se cambió la definición de matrimonio como la unión libre de dos personas para realizar la comunidad de vida. Asimismo, se establecieron actualizaron los requisitos para configurar el concubinato y se cambió la redacción de lo que debe entenderse como parentesco por afinidad.

6.21. 22 de enero de 2010

Se agregó un párrafo al numeral 1796, para establecer que:

> Salvo aquellos contratos que aparezcan celebrados con carácter aleatorio, cuando en los contratos sujetos a plazo, condición o de tracto sucesivo, surjan en el intervalo acontecimientos extraordinarios de carácter nacional que no fuesen posibles de prever y que generen que las obligaciones de una de las partes sean más onerosas, dicha parte podrá intentar la acción tendiente a recuperar el equilibrio entre las obligaciones conforme al procedimiento señalado en el siguiente artículo.

Se adicionaron los artículos 1796 bis y 1796 Ter relativos a la forma y requisitos para la modificación de los contratos.

6.22. 14 de mayo de 2010

Se derogó el 2448-g, el cual establecía que el arrendador debía registrar el contrato de arrendamiento ante la autoridad competente del Departamento del Distrito Federal. Una vez cumplido este requisito, entregaría al arrendatario una copia registrada del contrato.

Igualmente, el arrendatario tenía derecho a registrar su copia del contrato ante la autoridad competente del Departamento del Distrito Federal.

6.23. 29 de julio de 2010

Hubo cambios en el 35, 36, 38, 40, 51, relativos a inscribir las ejecutorias que declaren la ausencia, la presunción de muerte, el divorcio judicial, la tutela o que se ha perdido o limitado la capacidad legal para administrar bienes y las sentencias que ordenen el levantamiento de una nueva acta por la reasignación para la concordancia sexo-genérica, previa la anotación correspondiente al acta de nacimiento primigenia, siempre y cuando se cumplan las formalidades exigidas por los ordenamientos jurídicos aplicables mediante soportes informáticos.

En el artículo 58 se estableció que los nombres con los que sean registrados los menores no podrán ser peyorativos, discriminatorios, infamantes, denigrantes, carentes de significado, o que constituyan un signo, símbolo o siglas, o bien que expongan al registrado a ser objeto de burla; se adicionó la nacionalidad, edad, ocupación y domicilio en las actas relativas al reconocimiento de hijo (artículo 60).

Por lo que respecta a las actas de matrimonio, se modificaron los artículos 97 y 98, a fin de que quienes pretendan contraerlo deberán presentar al escrito los nombres, apellidos, edad, ocupación, domicilio y nacionalidad de los pretendientes, nombre, apellidos y nacionalidad de sus padres, así como copia certificada del acta de nacimiento de los pretendientes.

En los numerales 131 y 132 se incluyó una anotación al acta de nacimiento y matrimonio en las resoluciones judiciales que declaren la ausencia o presunción de muerte, tutela y divorcio.

Los artículos 272 y 291 fueron modificados con el fin de que el juez remita copia de la sentencia de divorcio al juez del Registro Civil y éste haga la anotación.

Se modificó el capítulo V "De la adopción", sección primera, "Disposiciones generales", y se recorrió la sección segunda "De la adopción simple" (derogada), para quedar entre el 406 y 407; reformando del 390 al 393, así como del 395 al 401, adicionando el 394, y del 402 al 406, derogando y eliminado los numerales 392 bis y 397 bis y la sección tercera, "De los efectos de la adopción", por último, el 410-A y 410-C.

6.24. 27 de enero de 2011

Se adicionó la fracción X al artículo 2993: "Los créditos a que se refiere el artículo 28 de la nueva Ley de Propiedad en Condominio de Inmuebles para el Distrito Federal".

6.25. 15 de junio de 2011

Se trata de una reforma realmente drástica, en cuanto a su estructura, que hace evidente la falta de orden en nuestros legisladores, de dicha reforma se desprenden las siguientes modificaciones en cuanto a la integración del Código:

Se modificó el capítulo V "De la adopción", sección primera, "Disposiciones generales", y se recorrió la sección segunda "De la adopción simple" (derogada), para quedar entre el 406 y 410; se reformaron los artículos 390 al 406, se derogaron los numerales 392 bis y 397 bis y la sección tercera, "De los efectos de la adopción", por último, se derogaron los artículos 410-A y 410-C. Entre los cambios más significativos están los siguientes:

- Se definió la adopción como el acto jurídico por el cual el juez de lo Familiar constituye de una manera irrevocable una relación de filiación entre el adoptante y el adoptado, al mismo tiempo que establece un parentesco consanguíneo entre el adoptado y la familia del adoptante y entre éste y los descendientes del adoptado.
- Se estableció como requisitos para poder adoptar: que la adopción debía resultar benéfica para la persona que se pretendiera

adoptar; soltero y ser mayor de 25 años y 17 años más que el adoptado; que el adoptante acredite contar medios suficientes para proveer la subsistencia y educación del menor, como hijo propio; que el solicitante de la adopción exponga de forma clara y sencilla las razones de su pretensión; que el solicitante de la adopción demuestre un modo de vida honesto, así como la capacidad moral y social para procurar una familia adecuada y estable al adoptado; y que ninguno de los adoptantes haya sido procesado.

6.26. 24 de junio de 2011

Se reformó la fracción VI del artículo 267, por lo que en el caso del divorcio promovido por uno de los cónyuges, uno de los requisitos que deberá contener el convenio para regular las cuestiones inherentes al vínculo matrimonial, es que para el caso de que el matrimonio se haya celebrado bajo el régimen de separación de bienes deberá señalarse una compensación, que no podrá ser superior al 50% del valor de los bienes que hubieren adquirido, a que tendrá derecho el cónyuge que, durante el matrimonio, se haya dedicado preponderantemente al desempeño del trabajo del hogar y, en su caso, al cuidado de los hijos.

Asimismo, se adicionó un segundo párrafo a la fracción IV, así como las fracciones VI, VII y VIII del 444:

> La patria potestad se pierde por resolución judicial en los siguientes supuestos: I. a III. ... IV. [...] El cónyuge o concubino que perdió la patria potestad por el abandono de sus deberes alimentarios, la podrá recuperar, siempre y cuando compruebe que ha cumplido con ésta obligación por más de un año, otorgue garantía anual, se le haya realizado un estudio de su situación económica y de su comportamiento actual, así como un diagnóstico psicológico; dichos estudios serán realizados por personal adscrito a la Procuraduría General de Justicia del Distrito Federal o por perito en la materia en los términos del último párrafo del artículo 346 del Código de Procedimientos Civiles del Distrito Federal; V. [...] VI. Cuando el que la ejerza hubiera cometido contra la persona o bienes de los hijos, un delito doloso, por el cual haya sido condenado por sentencia ejecutoriada; VII. Cuando el que la ejerza sea condenado dos o más veces por delitos graves; y VIII. Por el incumplimiento injustificado de las determinaciones judiciales que se hayan ordenado al que ejerza la patria potestad, tendientes a corregir actos de violencia familiar, cuando estos actos hayan afectado a sus descendientes.

6.27. 18 de agosto de 2011

Se modificaron las fracciones VIII y IX del 3043 y se adicionaron los párrafos segundo, tercero y cuarto al 35, un párrafo cuarto al artículo 97, los párrafos segundo, tercero y cuarto al 309, un capítulo IV "Del Registro de Deudores Alimentarios Morosos" al título sexto con los numerales 323 Séptimus y 323 Octavus y una fracción X al 3043, referente al Registro de Deudores Alimentarios Morosos del Distrito Federal. Se previó lo siguiente:

- Que el Registro Civil deberá celebrar convenios con las sociedades de información crediticia a que se refiere la Ley de la materia, a fin de proporcionar la información del Registro de Deudores Alimentarios Morosos.
- Que el momento de la presentación de la solicitud de matrimonio el Registro deberá hacer del conocimiento de los pretendientes si alguno de ellos se encuentre inscrito en dicho registro.
- Se incorporó al artículo 3043 una anotación preventiva más "Certificado de Registro de Deudores Alimentarios Morosos".

6.28. 9 de mayo de 2012

Se reformó el artículo 378 a efecto de disminuir el plazo para contradecir el reconocimiento de hijo de 60 a 20 días contados desde que se tuvo conocimiento de él, cuando la persona que cuida o ha cuidado de la lactancia de un niño que vaya a ser reconocido, a quien le ha dado su nombre o permitido que lo lleve, que públicamente lo ha presentado como hijo suyo y ha proveído a su educación y subsistencia.

6.29. 15 de mayo de 2012

Cambió la fracción II del 2011 relativo a las obligaciones de dar, para quedar como: entrega temporal del uso "y/o" (antes "o") goce de cosa cierta.

6.30. 1º de junio de 2012

Se modificaron la fracción VIII y se adicionó la fracción IX al artículo 444 y se reformó la fracción VI del artículo 447: en el primero, relativo a las causales de pérdida de la patria potestad, se reformó la fracción VIII a efecto de establecer que la misma se perdería por el incumplimiento injustificado de las determinaciones judiciales que se hayan ordenado al que ejerza la patria potestad, tendientes a corregir actos de violencia familiar, cuando estos actos hayan afectado a sus descendientes; igualmente se adicionó como causar adicional "cuando el menor haya sido sustraído o retenido ilícitamente, por quien ejerza ésta". En el segundo precepto se adecuó a la fracción IV del artículo 447, para establecer que, entre otros casos, la patria potestad se suspenderá por no permitir que se lleven a cabo las convivencias decretadas por autoridad competente o en convenio aprobado judicialmente, salvo lo dispuesto en el numeral citado.

6.31. 12 de junio de 2012

Se modificó el 2149 a efecto de ampliar el plazo de ejercicio derivado de las rescisorias y de indemnización a que hacen referencia los artículos 2138 y 2139 del Código. Tratándose de saneamiento por los defectos ocultos de la cosa enajenada, se extinguen en un plazo de un año en bienes inmuebles, y de seis meses tratándose de bienes muebles, contados desde la entrega de la cosa enajenada, sin perjuicio de lo dispuesto en el caso especial a que se refieren los numerales 2138 y 2139.

Se adicionaron dos párrafos al 36 y un párrafo *in fine* al 48, referentes al Registro Civil y su auxilio por parte del Instituto Nacional de Lenguas Indígenas.

6.32. 23 de julio de 2012

Constituye una de las reformas más importantes en materia sucesoria y registral. Se derogaron los testamentos público simplificado, público cerrado, ológrafo, privado, militar y marítimo, por lo que se dejó sólo subsistentes al testamento público abierto y al otorgado en país extranjero, y; en lo relativo a la materia registral se hizo una modificación integral a todo el título segundo "Del Registro Público", del 2999 al 3022; la denominación que antecede del 3023 al 3027; así como el 3029, 3030, 3031, 3033, fracciones III, IV y V, 3035, 3037, 3042, fracciones III y IV, 3043, fracciones V y VI, 3046, primer párrafo, 3050, 3056, 3057, 3059, 3060, fracción II, 3061, fracciones III, IV y V,

3063, fracción I, 3066, 3067, primer párrafo, 3071, fracción I y 3073. También se adicionaron párrafos al 3001, 3009, 3003, 3005, 3010 3012, 3016, 3018, 3020, 3021 bis, 3021 Ter y 3021 Quáter, 3027, 3030, 3061 y 3063. Se adicionó la fracción VII del 3033 y la V al 3042. Por último, se derogó el 2861 y 3043, fracción VII, así como del 3048 al 3055. Entre otros se derogó el capítulo relativo al registro de operaciones sobre bienes muebles, se modificó la vigencia de la anotación preventiva que el registrador debía hacer cuando le era solicitado un certificado de libertad de gravámenes.

En materia de tutela, se modificó el primer párrafo del 469 Ter con el fin de que por lo que se refiere a la cautelar, ésta sólo pudiera otorgarse ante notario, haciéndose constar en escritura pública, siendo revocable este acto en cualquier tiempo y momento con la misma formalidad por lo que hace al libro de contratos, se modificaron artículos en materia de compraventa (2310, fracciones I y II) y prenda (2859, segundo párrafo).

6.33. 3 de agosto de 2012

Se modificó el artículo 3046.

Fe de erratas de 23 julio de 2012.

En la página 33. Dice:

> Artículo 3046. La inmatriculación es la inscripción de la propiedad de un inmueble en el Registro Público de la Propiedad, que carece de antecedentes registrales y se obtiene por resolución judicial a través de información de dominio. Para llevar a cabo el procedimiento de inmatriculación previsto en este Código, es requisito que dicho Registro emita, durante el procedimiento de que se trate, un certificado que acredite que el bien a inmatricularse no esté inscrito en esa institución. ... ... I. a II...

Debe decir.

> La inmatriculación es la inscripción de la propiedad de un inmueble en el Registro Público de la Propiedad, que carece de antecedentes registrales y se obtiene por resolución judicial a través de información de dominio. Para llevar a cabo el procedimiento de inmatriculación previsto en este Código, es requisito que dicho Registro emita, durante el procedimiento de que se trate, un certificado que acredite que el bien a inmatricularse no esté inscrito en esa institución.

6.34. 18 de junio de 2013

Se modificó el 380 y 381, el párrafo segundo del 417 y 417 bis relativos a reconocimiento de hijos y guarda y custodia de menores:

- Se excluyó al Ministerio Público en el caso previsto en el artículo 380, en el supuesto de que al momento de que padre y madre reconozcan un hijo en un mismo acto y no convengan sobre quién ejercerá la guardia y custodia.
- En caso de modificar el convenio de guardia y custodia se excluye al Ministerio Público de la audiencia ante juez de lo Familiar.
- En caso de que a la audiencia no se presentare el asistente de los menores, designado por el Sistema para el Desarrollo Integral de Familia del Distrito Federal, atendiendo al interés superior de estos, será potestativo para el juez celebrar o no la audiencia una vez que verifique si es factible la comunicación libre y espontánea con el menor.
- Para tal efecto, conforme a dicha reforma se debe entender por asistente de menores al profesional en psicología, trabajo social o pedagogía exclusivamente, adscrito al Sistema para el Desarrollo Integral de la Familia del Distrito Federal u otra institución avalada por éste, que asista al menor, sólo para efecto de facilitar su comunicación libre y espontánea y darle protección psicológica y emocional en las sesiones donde éste sea oído por el juez en privado, sin la presencia de los progenitores, y sin que ello implique su intervención en la audiencia.

6.35. 19 de junio de 2013

Se reformaron los artículos 287, 3005 fracción II y 3043 fracción VII y se derogó el tercer párrafo del 3044. Entre tales cambios los siguientes:

- Para el caso de divorcio se estableció la opción de o que los cónyuges lleguen a un acuerdo sobre el convenio de divorcio o bien los mismos presenten un convenio sobre emanado del procedimiento de mediación previsto por la Ley de Justicia Alternativa del Tribunal de Justicia para el Distrito Federal.
- Adicionalmente, se previó que, como documentos inscribibles y anotaciones preventivas, en ambos casos los convenios emanados

del procedimiento previsto por la Ley de Justicia Alternativa del Tribunal de Justicia para el Distrito Federal.

6.36. 8 de agosto de 2013

Se reformó el segundo párrafo del 287 para establecer que en caso de divorcio que el juez debe exhortar a las partes a que acudan al procedimiento de mediación a que se refiere la Ley de Justicia Alternativa del Tribunal Superior de Justicia para el Distrito Federal, e intentar, a través de dicho procedimiento, llegar a un acuerdo.

6.37. 9 de mayo de 2014

Se adicionó el 323 Séptimus, con el objeto de incluir la violencia familiar y la alienación parental. Se entendía que cometía violencia familiar: "el integrante de la familia que transforma la conciencia de un menor con el objeto de impedir, obstaculizar o destruir sus vínculos con uno de sus progenitores"; y por alienación parental: "la transformación de la conciencia de un menor con el objeto de impedir, obstaculizar y destruir los vínculos con alguno de sus progenitores".

6.38. 20 de junio de 2014

Se formaron los artículos 3003, 3010, 3012, las fracciones V y VIII del 3021 bis y la fracción VII del 3033. Se adicionó el quinto párrafo al artículo 3010; un sexto párrafo al artículo 3012 y 3016; un segundo párrafo a la fracción V, las fracciones X y XI. Se incluyeron seis párrafos al 3024, la fracción VIII al 3033; y se derogaron las fracciones IV a V y el último párrafo del 3003, todos relativos a la función registral, procedimientos administrativos y avisos preventivos. Es de advertir que todas las disposiciones reformadas son relativas al Derecho Registral, en específico a las obligaciones de aquellas personas que tienen a su cargo la función registral, aviso otorgamiento (antes aviso preventivo), calificación, rectificación y extinción de los asientos registrales. Dentro de los cambios más significativos los siguientes:

- Se modificó la denominación del segundo aviso preventivo para quedar en aviso de otorgamiento, igualmente se cambió el plazo.

Anteriormente, una vez firmada la escritura en la que el notario tenía la obligación de dar aviso preventivo al Registro Público de la Propiedad dentro de las 48 horas siguientes al otorgamiento, a partir de esta reforma ya no existe un plazo plenamente establecido, dicho aviso surtirá los efectos deseados siempre y cuando se presente dentro de la vigencia de anotación preventiva que deberá hacer el registrador cuando le es solicitado el certificado de libertad de gravámenes.

- De manera innovadora se previó que en sustitución del aviso de otorgamiento se pudiera presentar el testimonio para su inscripción. Se precisó cuando debía entenderse que había incompatibilidad en materia registral, dando fin a inertes interpretaciones de los registradores.
- Se incluyó la figura del error material y los casos en los cuales se podía rectificar.
- Se añadieron las fracciones VII y VIII al artículo 3033 y en consecuencia relativas a la posibilidad de solicitar la cancelación de inscripciones relativas a gravámenes y contratos de arrendamiento, en este último caso cuando la ley exige su inscripción.

6.39. 31 de octubre de 2014

Se adicionaron los párrafos cuarto, quinto y sexto al artículo 291 con lo que, entre otros, se permitió que los jueces del Registro Civil pudieran recibir las declaraciones de existencia o cesación de concubinato, existencia o cesación de cohabitación y otros hechos relativos a relaciones de pareja que no constituyan modificaciones al estado civil. Asimismo, como resultado de esta reforma, exigió que dichas declaraciones tuvieran que hacerse constar en los formatos aprobados para tal efecto, los cuales tenían que ser conservados por la Dirección General del Registro Civil.

6.40. 18 de diciembre de 2014

Se modificaron los artículos 53; las fracciones V y VI del 119; el 122; el penúltimo párrafo del 323 Quáter; las fracciones III y VII del 444; las fracciones III, VI y VII del 447; el último párrafo del 492; el 508;

510, 789; 1,155; la fracción II del 1,313; las fracciones I y II del 1,316; el artículo 1,326; la fracción III del 1,680; el 2,276; y el 2,615 referente a las actas de defunción del Registro Civil, patria potestad y tutela. Entre otras disposiciones reformadas destacan las siguientes:

- Se modificaron diversas disposiciones en adecuación a las reformas en materia penal, básicamente se eliminaron "las referencias a averiguación previa" y "consignar", por "investigación de hechos que puedan constituir un delito"
- Se estableció que además de los niños y niñas, no sería justificable la violencia sexual en adolescentes.
- Se modificó la fracción segunda del artículo 1313 a efecto de establecer como pérdida de capacidad para heredar, en forma innecesaria (antes decía simplemente delito), el haber cometido delito.
- En el artículo 1326 para el caso en el que el notario autorice un testamento contrario a las disposiciones relativas a la capacidad para heredar, se estaría a lo que establece la Ley del Notariado para el Distrito Federal.

6.41. 5 de febrero de 2015

Se reformaron los artículos 35, 134, 135, 135 bis, 137, 138 y 138 bis, se adicionó el 135 Ter, 135 Quáter y 135 Quintus. Dentro de los cambios más trascendentales los siguientes:

- Se agregó al artículo 35 una lista de las actas del estado civil.
- Se estableció que el registro de Deudores Alimentarios Morosos del Distrito Federal estaría a cargo del Registro Civil y en él se inscribirían las personas que hayan dejado de cumplir con sus obligaciones alimentarias por más de 90 días. Una vez inscrito, el registro deberá expedir un certificado en el que informe dicha situación, hecha la inscripción el Registro Civil solicitará al Registro Público de la Propiedad la anotación preventiva de dicho certificado en los folios reales correspondientes. Este último informará al Registro Civil si fue procedente la anotación.

- Quedó previó que la rectificación de un acta de estado civil debía hacerse ante el juez del Registro Civil,[93] con excepción de anotación de divorcio que debería hacerse ante juez de lo familiar, exceptuándose el divorcio administrativo.
- Se adicionó al artículo 135 una fracción tercera, permitiendo así que los errores mecanográficos u ortográficos sean susceptibles de rectificarse.
- Se simplificó el procedimiento de levantamiento de una nueva acta por reconocimiento de identidad de género (antes por levantamiento de una nueva acta por reasignación de concordancia sexo-genérica), permitiendo que se lleve a cabo ante instancias y autoridades correspondientes del Registro Civil.

6.42. 13 de julio de 2016

Se modificaron la fracción I del artículo 31, el segundo párrafo de la fracción III del 97, las fracciones III a VIII del 98, el 100, las fracciones 11 a VII del 103, el 104, 113, 148, la fracción V del 103, el 104, 113, 148, la fracción V del artículo 156, el 172, 187, 209, el primer párrafo del 272, y la fracción I del 438. Se adicionó la fracción IX al artículo 98 y se derogó la fracción II del mismo, la fracción IX del 103, y del 153 al 155, la fracción II del artículo 156, el 173, 181, 237, 238-240 y el 243. Dentro de los cambios más significativos los siguientes:

- Quedó establecido como edad mínima para contraer matrimonio la de 18 años y en consecuencia desapareció la emancipación. Es de advertir que dicha reforma entró en vigor al día siguiente, lo que permitió que aquellos menores que cumplían con la edad necesaria para contraer matrimonio pudieran emanciparse.
- Como resultado de la desaparición de la emancipación, se adecuaron todas las disposiciones del Código Civil que hacían referencia a la misma.

---

93 Anteriormente el Código ordenaba que la rectificación de actas del estado civil se hiciera ante juez de lo Familiar.

- Se previó en el artículo 97 fracción I, la necesidad de confirmar y verificar el contenido del escrito donde los contrayentes manifiesten su intención de unirse en matrimonio.

6.43. 27 de marzo de 2017

Se adicionó el capítulo III bis "De la hipoteca inversa" (integrado por los artículos 2939 bis a 2939 Undecies), al título décimo quinto "De la hipoteca", de la tercera parte "De las diversas especies de contratos", libro tercero.

6.44. 5 de abril de 2017

Se derogó la fracción el artículo 156 fracción V y 243 y se reformaron los artículos 228 y 326:

- Se excluyó el adulterio que haya sido comprobado judicialmente como impedimento para contraer matrimonio y en consecuencia se derogó el artículo 243.
- Se excluyó el adulterio como causal de revocación de donaciones antenupciales e impugnación de paternidad.

6.45. 4 de agosto de 2017

Se derogó el numeral 323 Séptimus que establecía los casos en los que se entendía que había violencia familiar.

6.46. 24 de octubre de 2017

Se reformó el artículo 58 a efecto de establecer la posibilidad de que elegir el orden en el cual debían ser colocados los apellidos materno y paterno, previo convenio de los padres o en su caso por disposición del juez.

6.47. 18 de julio de 2018

Se reformaron los artículos 266, 272, 1695 a 1695 bis, entre otros, resultó lo siguiente:

- Tratándose de divorcio sin expresión de causa, a partir de esa, ya no es necesario que transcurra un año desde la celebración del matrimonio para que pueda solicitarse.
- Se eliminó el plazo de 15 días que el juez del Registro Civil concedía a los cónyuges para ratificar la solicitud de divorcio, previendo que dicha ratificación debería hacerse en el mismo acto, y en su caso, se procederá a levantar el acta de divorcio y a hacer la anotación correspondiente en el acta de matrimonio.
- Se abrió la posibilidad que para el caso de que aquella persona que fuera nombrada como albacea, manifestare que no es su voluntad aceptar dicho cargo, por intereses personales, debía aceptarse dicha negativa y proceder a inmediatamente a nombrar de común acuerdo un albacea, salvo en el caso en el que el nombrado como albacea también tenga la calidad de único y universal heredero, en cuyo caso no será posible.

6.48. 9 de enero de 2020

Se reformó el artículo 1803 a efecto de adicionar como formas de manifestación del consentimiento expreso, los medios electrónicos, ópticos o por cualquier otra tecnología.

6.49. 26 de febrero de 2021

Se reformaron los artículos 110, 235 fracción tercera, 272, 438 y se derogaron los artículos 93, 229, 443 fracción segunda, 451, 624 fracción segunda y 641, con la finalidad de eliminar "expresamente" la emancipación.

6.50. 2 de marzo de 2021

Se adicionó al artículo 2412, la fracción VI a efecto de obligar al arrendador, siempre que se trate de edificios o inmuebles destinados a oficinas, a elaborar un Programa Interno de Protección Civil para espacios comunes y a proporcionar a los arrendatarios la documentación prevista en la normatividad de Gestión Integral de Riesgos y Protección Civil.

6.51. 4 de agosto de 2021

Se adicionaron los artículos 1392 Bis, 1520 Bis, 1520 Ter, los cuales regulan:

- Los legados consistentes en la titularidad sobre bienes o derechos digitales, como son cuentas de correos electrónicos, sitios y dominios, archivos electrónicos, claves y contraseñas de cuentas bancarias; y
- La posibilidad de otorgar el testamento público abierto por medios electrónicos, siempre que el testador pueda comunicarse de forma directa y en tiempo real con el notario, regulando las condiciones en que se debe otorgar dicho testamento.

Es de advertir que el 8 de agosto de 2023, el Pleno de la Suprema Corte de Justicia de la Nación, en los apartados VI y VII, así como en los Resolutivos Segundo y Tercero de la Sentencia dictada al resolver la Acción de Inconstitucionalidad "135/2021", declaró la invalidez de las porciones normativas del párrafo primero del artículo 1520 Bis, en lo relativo a OÍR al testador, ASÍ COMO HABLAR CON ÉL, así como el artículo 1520 Ter, fracciones III, en su porción normativa "de viva voz", y VI, inciso c), en su porción normativa "ASÍ COMO QUE EL TESTADOR NO SE ENCUENTRA EN NINGUNO DE LOS CASOS A LOS QUE SE REFIEREN LOS ARTÍCULOS 1515, 1516 O 1517 DEL PRESENTE CÓDIGO", lo cual surtió sus efectos a los doce meses siguientes a la notificación de estos puntos resolutivos al Congreso de la Ciudad de México. Dicha sentencia puede ser consultada en la dirección electrónica https://www.scjn.gob.mx/).

Se reformaron los artículos 1520, 1805, 1811, 1834, 2675, 2677 y 2713 específicamente en lo siguiente:

- Posibilidad de otorgar el testamento público abierto ante notario, en el ámbito de su actuación digital;
- Cuando la oferta para la celebración de un contrato se haga por teléfono o a través de medios electrónicos, ópticos o cualquier otra tecnología, sin fijación de plazo para su aceptación, queda desligada si ésta no se hace inmediatamente;
- Tratándose de la propuesta y aceptación hecha a través de medios electrónicos, ópticos o de cualquier otra tecnología no se requeri-

rá de estipulación previa entre los contratantes para que produzca efectos;

- La posibilidad del uso de firma electrónica avanzada al momento de firmar un contrato cuya forma exigida por ley sea escrita;
- En el caso de asociaciones y sociedades civiles, los asociados o socios podrán celebrar asambleas por medio de videoconferencia, debiendo señalarse en la convocatoria, el medio electrónico por el cual se celebrará, la dirección electrónica y en su caso contraseña; dicha reunión deberá grabarse y conservarse por el órgano de administración y una copia de la grabación agregarse al acta respectiva, la cual podrá ahora también ser firmada mediante la firma electrónica avanzada del presidente y secretario; y
- La posibilidad de que los asociados y socios de asociaciones y sociedades civiles puedan adoptar resoluciones unánimes tomadas fuera de asamblea, firmando con su Firma Electrónica Avanzada.

6.52. 27 de mayo de 2022

Se reforman las fracciones I, III, IV, VII, tercer párrafo y se adiciona un cuarto párrafo al artículo 397, con el fin de fortalecer las medidas que buscan garantizar de la manera más amplía el debido desarrollo, así como un entorno familiar sano y libre de violencia para las niñas, niños y adolescentes que son susceptibles de adopción. Por ejemplo, que ninguno de los adoptantes se encuentre inscrito en el Registro de Deudores Alimentarios Morosos o en el Registro Público de Personas Agresoras Sexuales.

6.53. 2 de junio de 2022

Se reformó la fracción II, del apartado B, del artículo 282, y se adiciona un párrafo tercero a la fracción II, del apartado B, del artículo 282, en materia de interés superior de la niñez en casos de guarda y custodia, específicamente en lo siguiente:

- Que las niñas, niños y adolescentes sean escuchados durante el juicio y su opinión se tome en cuenta por la persona juzgadora, al momento de emitir la resolución,

- Cuando se trate de menores de 12 años de edad, la jueza o juez de la familiar determinará si las niñas, niños y adolescentes quedarán al cuidado de la madre o padre o incluso una persona ajena, y
- No debe ser obstáculo que la madre o padre que obtenga la custodia se dedique a trabajos del hogar y carezca de recursos económicos.

6.54. 10 de junio de 2022

Se reformó el primer, segundo y último párrafo del artículo 416 Bis y la adición del tercer párrafo a dicho artículo, de la siguiente forma:

- Las reformas consisten en el uso de lenguaje incluyente como "las hijas e hijos" y "de las y los menores"; y
- La adición del párrafo tercero versa sobre los "actos de manipulación" que la persona que ejerce la patria potestad pueda llegar hacer sobre las niñas, niños y adolescentes que estén bajo su cuidado, que generen rencor o desagrado en contra de alguno de los ascendientes.

6.55. 10 de mayo de 2023

Se reformaron los párrafos segundo y cuarto y se derogó el tercer párrafo del artículo 416 Bis, para eliminar lo siguiente:

- La mención de "menores" por "niñas, niños y adolescentes"; y
- Cualquier referencia que tenga que ver con "alienación parental", este término hace referencia a los actos de manipulación que hacen el padre o la madre que ejerce la patria potestad sobre las niñas, niños o adolescentes, provocando rencor, antipatía o temor en contra del otro ascendiente.

Se reformó el artículo 1655 y se derogó el segundo párrafo del artículo 1679, para eliminar lo siguiente:

- El texto por el que se establecía que la mujer casada no necesitaba de autorización del marido para aceptar o repudiar la herencia; y
- El texto por el que la mujer casada, mayor de edad, podía ser albacea sin la autorización de su esposo.

6.56. 4 de agosto de 2023

Se adicionó un tercer párrafo al artículo 414 y se modificaron el segundo párrafo de la fracción IV, las fracciones VIII y IX y se adicionó una fracción X al 444, destacando lo siguiente:

- Impone la obligación de la autoridad jurisdiccional familiar, en materia de patria potestad, de solicitar información a las autoridades ministeriales o jurisdiccionales en materia penal a fin de verificar si la ausencia de la madre se debe a un caso de feminicidio, a fin de garantizar el interés superior de la niñez de las hijas o hijos de la víctima de feminicidio; y
- Establece como causal de pérdida de patria potestad al que haya cometido delito de feminicidio en contra de la madre de sus hijas, hijos o adolescentes.

6.57. 23 de abril de 2024

Se reformó el artículo 1467 que se refiere al momento en que cesa el legado de educación durante la minoría de edad del legatario, eliminándose el supuesto de que contraiga matrimonio durante la minoría de edad.

6.58. 27 de junio de 2024

- Se reformaron el artículo 323 Séptimus, así como las fracciones IX y X del artículo 444, adicionándose a dicho artículo la fracción XI, destacando lo siguiente: Se sanciona la violencia vicaria, entendiéndose ésta como un tipo de violencia familiar por la cual una persona realiza una conducta activa o pasiva en contra de una mujer con la que haya mantenido una relación de matrimonio, concubinato o de hecho, utilizando como medio a los descendientes, ascendientes o personas con discapacidad o enfermedad que se encuentre bajo el cuidado de ella, mediante amenazas, intimidación o puesta en peligro.
- Se adiciona la violencia vicaria como una causal para la pérdida de la patria potestad.

6.59. 28 de junio de 2024

Se reformaron los artículos 35, párrafo primero, fracción II y párrafo segundo, 97 párrafo cuarto, 267, fracciones I, II, III, IV, V y VI, 271 párrafo primero; 282 párrafo primero, apartado A, fracciones I y II, adicionándose una fracción V; se adicionó el artículo 282 bis; así como también fueron reformados los artículos 283 párrafo primero y fracciones I, II, III, IV, V, VII, VIII, y párrafo segundo, 287, 288, párrafo primero, fracción II, 291 bis, párrafos primero, segundo, tercero, cuarto y quinto, 291 Ter; derogándose el párrafo segundo del artículo 291 Quintus; fue adicionado el artículo 301 bis; se reformaron los artículos 302, 303, 308 fracción II, 309; se adicionó un párrafo segundo al artículo 311; se reformaron los artículos 311 bis, 311 ter; fue derogada la fracción I del artículo 320; se reformó el artículo 322 párrafo segundo, adicionándosele un párrafo tercero; se reformaron los artículos 323, 323 Ter párrafo segundo, adicionándosele un párrafo tercero, 323 Octavus, párrafo primero, fracciones I y IV, 380, 413, 414, 414 bis párrafos primero, fracciones I, II, III y IV, y segundo, 416, 416 ter, párrafo primero, fracciones I y IV, 417, 417 Bis, 418, párrafo primero, 421, 426, 427, 428, párrafo primero, 429, 430, 432, 433, 435, 436, 437 párrafo primero, 439, 440, 441, 442, 443, fracciones III, IV y V, 444 bis, 445, y 447 fracciones III, V y VII.

Dicha reforma versa general y principalmente en materia de obligaciones alimentarias, medidas precautorias en la tramitación de los juicios familiares, en materia de violencia familiar, en materia del Registro de Deudores Alimentarios, así como medidas de protección a mujeres y la adopción de lenguaje incluyente, destacando lo siguiente:

- La implementación del uso de lenguaje inclusivo como "la jueza", "las y los", "hijas e hijos", entre otros;
- La inscripción en el Registro de Deudores Alimentarios Morosos en un plazo máximo de 15 días hábiles contados a partir de la solicitud;
- La disminución del plazo para solicitar la inscripción en el Registro de Deudores Alimentarios Morosos, de 90 a 60 días en mora;
- Avisar a las autoridades migratorias cuando exista mora en el pago de alimentos para restringir la de salida del país del deudor alimentario moroso;

- La obligación para señalar en propuesta de convenio por divorcio unilateral, la fecha de salida del cónyuge que deberá de desocupar el domicilio;
- El otorgamiento de medidas suficientes para preservar la integridad y seguridad de víctimas de violencia familiar, tales como la desocupación de la persona agresora del domicilio donde habite la víctima;
- La obligación de las personas juzgadoras para girar oficios necesarios para que se impongan de la capacidad económica del deudor alimentista y en caso de no poder comprobarse capacidad económica del deudor alimentario, los alimentos no podrán ser menores a la UMA vigente;
- La protección a las mujeres embarazadas como medidas cautelares durante la tramitación de juicios;
- También se incluyó la obligación de juzgar con perspectiva de género y atender el principio del interés superior de la infancia y adolescencia, en los siguientes artículos: 283 párrafo primero; 416 Ter fracción I; y 417.
- Se destaca que el tema del Registro de Deudores Alimentarios Morosos en la Ciudad de México no se armonizó con las reglas establecidas en la Ley General de Derechos de Niñas, Niños y Adolescentes para el Registro Nacional de Obligaciones Alimentarias, puesto que en este último se dispone que el Sistema Nacional DIF es la autoridad encargada de dicho registro, sin embargo, en la Ciudad de México es el Registro Civil. Sin embargo, existen cambios importantes en este rubro, por ejemplo, que dicho registro será público y se incluirá el número de pagos incumplidos y el monto del adeudo (artículo 323 Octavus).
- Respecto a la guarda y custodia y patria potestad en el 322 párrafo tercero se agregó que quien incumpla con el pago de la pensión alimenticia no podrá solicitar o demandar el cambio de guarda y custodia ni la suspensión o pérdida de la patria potestad de sus hijas e hijos.
- Relacionado con el **divorcio** en el artículo 288 primer párrafo y fracción II, se agregó que, respecto al pago de alimentos a favor del cónyuge, se tomará en consideración que carezca de los bie-

nes suficientes para sufragar sus necesidades y, por lo que hace a la calificación profesional, se tomará en cuenta el grado de estudios y experiencia profesional; en el artículo 267, fracciones IV y V se estableció que cuando el cónyuge promueve el juicio de divorcio de manera unilateral la propuesta de convenio debe incluir la fecha en que el cónyuge desocupe el domicilio y en cuanto a la administración de los bienes de la sociedad conyugal se incluyeron los animales de compañía.

- Finalmente, respecto al concubinato, se reformaron los artículos 291 Bis párrafo tercero que incluye la posibilidad que sí una persona vive en más de un concubinato, además que puede ser demandado por daños y perjuicios, también podría ser por pensión alimenticia; los artículos 291 Ter, 302 y 311 Bis adicionaron que dentro de los derechos que regirán al concubinato se incluyen los inherentes al matrimonio con sus obligaciones.

6.60. 23 de agosto de 2024

Se adicionó un párrafo segundo al artículo 118, en materia de actas de defunción de las personas transgénero, estableciendo que dichas actas podrán ser tramitadas por una persona que pertenezca a la familia social de la persona transgénero, en términos de la Ley de Víctimas de la Ciudad de México, en caso que sus familiares se negaren a realizar el trámite o pudieren vulnerar su identidad o expresión de género.

6.61. 28 de agosto de 2024

Se reformó el segundo párrafo del artículo 2448-D y se adicionó un tercer y cuarto párrafos al artículo 2448-F, ambos en materia de arrendamiento de fincas urbanas destinadas a casa habitación, en lo siguiente:

- El incremento de la renta nunca deberá ser mayor a la inflación reportada por el Banco de México en el año anterior, respecto de la cantidad pactada como renta mensual; y
- El establecimiento un registro digital de contratos de arrendamiento, de autorización inmediata, a cargo del Gobierno de la Ciudad de México, con la obligación del arrendador de registrar sus contratos en un plazo no mayor a 30 días de celebrados, el

cual, salvo resolución judicial no será público, estableciéndose sanciones para el caso de su mal uso por parte de servidores públicos.

6.62. 27 de septiembre de 2024

Se reformó el párrafo segundo del artículo 3044 eliminándose la posibilidad de producir el cierre del registro en folios reales en virtud de convenios de mediación, especificándose que se trata de anotaciones que podrán cancelarse a solicitud del mediador, Secretario Actuario o funcionario del Centro de Justicia Alternativa, una vez que las partes se den por satisfechas del cumplimiento de dicho convenio.

6.63. 29 de noviembre de 2024

Se reformaron los artículos 23; 24; 31; 35; 89; 114; 115; 116; 134; 135 BIS; 135 TER; 156; 266; 271; 272; 273; 274; 275; 276; 277; 280; 283; 283 Bis; 285; 287; 291; 308; 311 Bis; 330; 331; 332; 393; 394; 410-D; 449; 450; 453; 454; 456; 456 Bis; 457; 458; 460; 461; 462; 463; 464; 465; 468; 469; 1834. Se derogaron los artículos 289; 466; 467; 469 Bis; 469 Ter; 469 Quáter; 469 Quintus; 635; 636; 637; 638; 639; 640; 1520 Bis; 1520 Ter. Se adicionaron los artículos: 24 A; 24 B; 24 C; 24 D; 24 E; 24 F; 24 G; 24 H; 24 I; 24 J; 24 K; 24 L; 24 M; 24 N y 24 O. Esta fue con la finalidad de homologar diversas disposiciones previstas en el Código Nacional de Procedimientos Civiles y Familiares, de la siguiente forma:

- Respecto a los Notarios la reforma señala que ellos continuarán participando en sucesiones.
- Se incluyó que, para el ejercicio de la capacidad, cualquier persona puede solicitar apoyo para la toma de decisiones y la implementación de salvaguardias. Esto se hará ante Notario.
- Se elimina la mención de “incapaces” por “personas con discapacidad”.
- En el caso de nueva acta de nacimiento para el reconocimiento de identidad de género se establece que el acta primigenia debe cancelarse.

- Se incluyeron las medidas que deben observarse en el caso de divorcio unilateral.

Se señala la capacidad de ejercicio de las personas físicas, en específico de niñas, niños y adolescentes y las personas mayores de edad cuya voluntad no puede ser reconocida, la ejercitará mediante el apoyo ordinario que hubieren designado antes o, en su caso, el apoyo extraordinario.

F. Aconstitucionalidad del Código Civil local

El 29 de enero de 2016 se emitió el decreto por el que se declararon reformadas y derogadas diversas disposiciones de la Constitución Política de los Estados Unidos Mexicanos, con el fin de que la Ciudad de México tuviera su propio ordenamiento fundamental.

El transitorio décimo cuarto establecía que: "A partir de la fecha de entrada en vigor de este decreto, todas las referencias que en esta Constitución y demás ordenamientos jurídicos se hagan al Distrito Federal, deberán entenderse hechas a la Ciudad de México".

No obstante, también se estipuló, en el segundo transitorio, que los ordenamientos locales aplicables a la entrada en vigor de la Constitución continuarían en uso hasta que se publicaran las leyes reglamentarias correspondientes. Es decir, la intención del constituyente fue que, después de aprobada la norma suprema capitalina, se hiciera una revisión integral del marco jurídico para adecuarlo a los términos constitucionales y de esa forma evitar que adolezcan de aconstitucionalidad, como es el caso, en el orden federal, del Código de Comercio de 13 de diciembre de 1889.

La Constitución Política para la Ciudad de México fue publicada el 5 de febrero de 2017 y entró en vigor el 17 de septiembre de 2018, por lo que el procedimiento de actualización y publicación de nuevas leyes para la capital comenzó.

Entre otras, esto ya se hizo en las materias de sociedad de convivencia (24 de octubre de 2017), notariado (11 de junio de 2018) y registral (19 de junio de 2018), cuyas leyes fueron abrogadas y sustituidas por otras que comenzaron a regir al amparo de la nueva disposición fundamental local, hecho que las revistió de "constitucionalidad".

En este tenor, el Código Civil para el Distrito Federal que aún está vigente, es decir, el de 1928, deberá seguir la misma ruta, por lo que además de modificar su denominación a Código Civil para la Ciudad de México, deberá abrogarse y publicar uno nuevo integrándose con ello a la cadena de constitucionalidad. Mientras esto ocurre, vivimos los últimos días de vigencia de esta histórica legislación.

Fuentes consultadas

Bibliografía

ACOSTA ROMERO, Miguel, *Prólogo de los cincuenta años del Código Civil de 1928*. Lisandro Ponce y Gabriel Leyva Lara (coords.), México, UNAM-Facultad de Derecho, 1982.

ADAME LÓPEZ, Ángel Gilberto, *Antología de Académicos de la Facultad de Derecho*, México, Porrúa, 2014.

ARREDONDO GALVÁN, Francisco Xavier, "El nuevo régimen jurídico del condominio", *Revista de Derecho Notarial Mexicano*, núm. 117, t. I, 2002.

BARROSO FIGUEROA, José, *La Revolución mexicana de 1910 y el derecho civil. La Revolución mexicana a 100 años de su inicio. Pensamiento social y jurídico*, México, UNAM-Facultad de Derecho, s.a.

BATIZA, Rodolfo, *Las fuentes del Código de 1928. Introducción, notas y textos de sus fuentes originales no reguladas*, México, Porrúa, 1979.

BECERRA, Belisario, "La expedición de leyes sin facultades constitucionales", *El Universal*, 10 de septiembre de 1932.

Cámara de Diputados, XLVI Legislatura, *Los presidentes de México ante la nación, informes, manifiestos y documentos de 1821 a 1966*, t. III, México, Imprenta de la Cámara de Diputados, 1966.

CORTINAS BARAJAS, Juan, *Un análisis del concepto de obligación: el doble cambio de paradigma cultural y conceptual en el código civil de 1928*, Tesis doctoral, Universidad Panamericana.

COSENTINI, Francesco, *La reforma de la legislación civil y el proletariado*, Madrid, Biblioteca Moderna de Filosofía y Ciencias Sociales, 1921.

COSSÍO Y COSÍO, Roberto, *Influencia de Francisco Cosentini sobre el nuevo Código Civil*, Tesis profesional, México, 1929.

CRUZ BARNEY, Óscar, *La codificación civil en México: aspectos generales*, México, Instituto de Investigaciones Jurídicas, 2005.

CRUZ PONCE, Lisandro y LEYVA, Gabriel, *Código Civil para el Distrito Federal en materia común y para toda la República en materia federal. Actualizado, concordado y con jurisprudencia obligatoria*, México, Miguel Ángel Porrúa, 1978.

DOMÍNGUEZ MARTÍNEZ, Jorge Alfredo, *Derecho Civil: Parte General, Personas, Cosas, Negocio Jurídico e Invalidez*, México, Porrúa, 2010.

ELÍAS CALLES, Plutarco, "Discurso de 1 de septiembre de 1928", en *Los Presidentes de México ante la nación, informes, manifiestos y documentos de 1821 a 1966*, t. 3, México, Imprenta de la Cámara de Diputados, 1966.

GARCÍA TÉLLEZ, Ignacio, *Motivos, colaboración y concordancias del nuevo Código Civil Mexicano,* México, Porrúa, 1932.

GUERRERO, Omar, *Historia de la Secretaría de Gobernación,* México, Porrúa, 2011.

MORENO, Fernando, *Exposición de motivos del Proyecto sobre reformas constitucionales, entre las que se incluye la referente a la federalización de la educación primaria y de la normalista,* México, Imprenta de la Secretaría de Gobernación, 1920.

ORTIZ RUBIO, Pascual, "Informe presidencial 1 de septiembre de 1931", en *Los presidentes de México ante la nación, informes, manifiestos y documentos de 1821 a 1966,* t. III, México, Imprenta de la Cámara de Diputados, 1966.

PORTES GIL, Emilio, "Informe presidencial 1 de septiembre de 1931", en *Los presidentes de México ante la nación, informes, manifiestos y documentos de 1821 a 1966,* t. III, México, Imprenta de la Cámara de Diputados, 1966.

Secretaría de Gobernación, *El Registro Civil en México, Antecedentes Histórico Legislativos, Aspectos Jurídicos Doctrinarios,* México, Secretaría de Gobernación, Dirección General del Registro Nacional de Población de Identificación Personal, 1981.

Hemerografía

CÁRDENAS VILLARREAL, Héctor Manuel, "El Código Civil Federal (origen, fundamento y constitucionalidad)", *Revista Mexicana de Derecho,* núm. 10, México, 2008.

CASTÁN TOBEÑAS, José, "El nuevo Código Civil Mexicano. Un ensayo de Código Privado Social", *Anuario Mexicano de Historia del Derecho,* núm. 16, 2004.

CONTRERAS LÓPEZ, Raquel Sandra, "Evolución de la teoría de la apariencia jurídica en los códigos civiles, a partir del Código de Napoleón", *Revista del Posgrado en Derecho de la UNAM,* México, enero-junio, 2008.

El Foro. Revista trimestral de derecho y legislación, órgano de la Barra Mexicana. Números correspondientes a los años 1928 y 1929.

GARCÍA TÉLLEZ, Ignacio, "El nuevo Código Civil", *Revista de la Universidad de México,* núm. 15, México, 1932.

H. RUIZ, Francisco, "La socialización del derecho privado y el Código Civil de 1928", *Revista de la Escuela Nacional de Jurisprudencia,* núm. 31, julio-septiembre, 1946.

JIMÉNEZ GARCÍA, Joel, "Código Civil para el Distrito Federal de 1928", *Revista de Derecho Privado,* México, UNAM-Instituto de Investigaciones Jurídicas, nueva época, año 2, núm. 5, mayo-agosto, 2003.

MUSACCHIO, Humberto, *Milenios de México. Historia, biografía y geografía de México,* México, Porrúa, 1995.

Narváez Hernández, José Ramón, "El código privado-social: influencia de Francesco Cosentini en el Código Civil Mexicano de 1928", *Anuario Mexicano de Historia del Derecho,* núm. 16, 2004.

Padilla Arceo, Marco Vinicio, *El curioso caso de la entrada en vigor de la Ley sobre Relaciones Familiares,* México (texto inédito), 2018.

Rico Álvarez, Fausto, *Introducción al estudio del Derecho Civil y Personas,* México, Porrúa, 2014.

Roberts, Andrew, *Napoleón. Una vida,* Madrid, Ediciones Palabra, 2016 (versión digital).

Sánchez Medal, Ramón, *Los grandes cambios en el Derecho de Familia en México,* México, Porrúa, 1991.

Notas periodísticas

Becerra, Belisario, "La expedición de leyes sin facultades constitucionales", *El Universal,* 10 de septiembre de 1932.

Borja Soriano, Manuel, Rebollar, Rafael, Andrade, Manuel y García, Daniel, "Algunas observaciones al proyecto de nuevo Código Civil que presentan los que suscriben, comisionados por el Consejo de Notarios para estudiar el proyecto", *Excélsior,* 23 de abril de 1928.

Cosentini, Francesco, "La comisión jurídica del Ejecutivo", *El Universal,* 8 de junio de 1932.

El Universal, "El nuevo Código Civil", *El Universal,* 27 de septiembre de 1932.

___, "La expedición de leyes sin facultades constitucionales", *El Universal,* 10 de septiembre de 1932.

___, "Los Nuevos Códigos regirán desde mañana", *El Universal,* 30 de septiembre de 1932.

Excélsior, "Cuatro nuevos códigos van a entrar en vigor", *Excélsior,* 10 de septiembre de 1932.

___, "Dos códigos entrarán en vigor en octubre", *Excélsior,* 10 de septiembre de 1932.

___, "El notariado pide al sr. presidente no se promulgue aún el nuevo Código Civil", *Excélsior,* 21 de abril de 1928.

___, "El respeto a los derechos adquiridos", *Excélsior,* 28 de abril de 1928.

___, "La promulgación del tan temido Código Civil fue prorrogada por treinta días", *Excélsior,* 25 de abril de 1928.

___, "Oposición para el Código Civil", *Excélsior,* 24 de abril de 1928.

___, "Otro dictamen del Código Civil fue presentado", *Excélsior*, 25 de abril de 1928.

___, "Solicitud general para que no se promulgue el nuevo Código Civil", *Excélsior*, 22 de abril de 1928.

La Jornada, "Cárdenas expone logros y metas de 100 días de gobierno", *La Jornada*, el 12 de marzo de 1998.

OLIVARES, Alfonso, "El Código Civil próximo a promulgarse", *Excélsior*, 11 de abril de 1928.

RAMOS PEDRUEZA, Antonio, "Cómo fue elaborado el Código Civil de 1870", *El Universal*, 26 de abril de 1928.

SEPTIÉN, Alfonso, "El nuevo Código Civil. No podrá entrar en vigor", *El Universal*, 9 de septiembre de 1932.

TORRES, Teodoro, "Algo más sobre el nuevo Código Civil", *Excélsior*, 25 de abril de 1928.

Archivos

Archivo General de la Nación, México Contemporáneo, Archivos Presidenciales, Obregón-Calles, Caja 123.

Archivo Plutarco Elías Calles y Fernando Torreblanca, GAV 70 Secretaría de Gobernación, Exp. 75, Leg. 17/21, Inv. 5362.

Asamblea Legislativa del Distrito Federal, *Diario de los Debates de la Asamblea Legislativa del Distrito Federal*, México, año 1, núm. 33, 12 de diciembre de 2000.

Centro de Documentación, Información y Análisis de la H. Cámara de Diputados, Informes Presidenciales.

Diario de Debates, Legislatura XLIX, año I, Periodo Ordinario, 11 de diciembre de 1973, Número de Diario, 45.

Diario de los Debates de la Asamblea de Representantes Distrito Federal, México, año 3, núm. 10, 16 de abril de 1997.

Diario de los Debates de la Asamblea Legislativa del Distrito Federal, México, año 3, núm. 10, 17 de abril de 2000.

Diario de los Debates de la Asamblea Legislativa Distrito Federal, México, año 3, núm. 3, 22 de marzo de 2000.

Diario de los Debates de la Cámara de Diputados del Congreso de los Estados Unidos Mexicanos, XXXIII Legislatura.

Documentación Legislativa del H. Congreso de la Unión, Dirección de Servicios de Bibliotecas.

Procesos legislativos, dictamen/ revisora, cámara revisora: senadores, dictamen, México, D.F., a 29 de abril del año 2000.

SCJN, Semanario de la Suprema Corte de Justicia de la Nación, t. 12, noviembre de 1993.

___, Suprema Corte de Justicia de la, *Gaceta de la Suprema Corte de Justicia*, octava época, pleno 71, noviembre 1993.